アイヌ文化の基礎知識

増補・改訂

アイヌ民族博物館 監修

増補・改訂版 監修
児島恭子

草風館

アイヌ文化の基礎知識

本書を読むうえの留意点

1. 文中のアイヌ語は基本的にカタカナで表記をしています。
2. アイヌ語のカタカナ表記中、コタンコㇿカムイ、シサㇺなどのㇿ、ㇺというように小さな文字で表記しているのは、子音の表記です。簡単にいうと、息を止めたり口を閉めるなどして弱く発音されるものの表記方法です。詳しい表記法は筆者によって異っています。
3. 現在のアイヌの人々は、和人となんら変わることがない生活をしています。本書に出てくる写真の多く（＊印のついているもの）は、古図をてがかりに昭和時代の初期にかつてのアイヌ民族の生活風俗を再現したものです。出典は『シラオイコタン：近代白老アイヌのあゆみ 木下清蔵遺作写真集 第5回企画展』白老民族文化伝承保存財団アイヌ民族博物館、1988年
4. 各章の扉の図は松浦武四郎『蝦夷漫画』からとりました。

アイヌ文化
の
基礎知識
●
目次

ことば

- アイヌという言葉の意味 12
- アイヌ語はどこで話されていたか 13
- アイヌ語はどんな言葉か 15
- アイヌ語と日本語は関係があるのだろうか 18
- アイヌ民族はなぜ文字を持たなかったか 21
- 身近にあるアイヌ語 24
- アイヌ語学習運動の現在 27

ひとびとのあゆみ

- アイヌ民族に歴史はあるか 32
- いつから日本の歴史に登場するか 34
- 江戸幕府や松前藩とアイヌ民族の関係 37
- コシャマイン・シャクシャインの戦い 40
- アイヌ絵とは何か 44
- アイヌ文化の起源 46
  ―北海道の歴史をながめてみる―

えものをとる

狩猟と漁撈と採集の生活 54
　―どんなものをとっていたか―
クマ猟にいどむ知恵 58
シカ猟のくふうと技術 62
川をのぼるサケをとる 65
海獣猟のわざ 69
　―キテのしくみ―
アイヌの人々は
　　農作物を作っていたのか 71

よそおう

材料別にみる衣服の種類 76
獣皮衣 78
アットゥシ（樹皮衣）を織る 81
草皮衣を作る 84
木綿衣のいろいろ 86
衣服の文様 89
　―刺繡文様や切伏文様―
盛装のとき身につけるもの 92
下着 94
　―モウルなど―
労働のときの衣服 96

たべる

- どんなものを食料としていたか　100
- 食卓のおもなメニュー　103
- 肉や魚などを生(なま)で食べていたか　105
- 食料をどうやって保存したか　108
- 日常と儀式による食事の違い　113
- 食生活のメリット　114

すまう

- 家のつくり　118
- 家の内部　121
  　―チセのしくみ―
- 家の建て方　124
  　―チセをつくる人々と儀式―
- 家のまわりにあるいろいろな施設　128
- 家とくらし　130
  　―チセでのくらしとしきたり―
- 家の地方差　134

神々とひとびと

　神に対する考え方　138
　　　──信仰観──
　どのような神がいるか　142
　神と人間の関係　145
　「あの世」に対する考え方　150
　先祖の供養をしたか　153
　祈りに用いる用具　157
　　　──イナウ（木幣）とイクパスイ（酒捧箆）──
　クマ祭りとは何か　158
　クマのほかにも送りはおこなわれるか　162
　ほかにどんな祈りの儀式があるか　166

むらのしくみ

家族の構成　172
一夫多妻制は本当にあったか　174
親族組織とその伝統　176
　──エカシイキㇼとフチイキㇼ──
コタンとはどういう意味か　178
コタンのしくみ　180

ひとの一生

- 誕生 186
- 成長 188
- 結婚 191
- 出産 194
- 死 198
- 葬儀 201

うたとおどりと遊び

- 神へのおどり 206
- さまざまな楽器 209
- 子供の遊び 214
- うたと口承文芸 216

より深く学びたい人へ——参考文献や見学できる施設

民族誌 224 ／アイヌ語 226／歴史 232／衣 234／食 236／住 238／神々とひとびと 付 ひとの一生 241／うたとおどりと遊び 243／Webサイト 246／参考文献補遺 248／アイヌ民具を収蔵・展示している博物館・資料館 251
アイヌ民族博物館の紹介 254
改訂にあたって 256

ことば

●ことば●

アイヌという言葉の意味

　アイヌという言葉はアイヌ語で「神」に対する「人間」という意味を持っています。したがって、アイヌイタㇰ「アイヌ語」というのは「人間の言葉」という意味で、カムイイタㇰ「神様の言葉」に対立する概念ですから、本来は日本語でも英語でもみんなアイヌイタㇰであるはずのものです。ですからアイヌ人のお年寄りたちはアイヌ語を日本語やそのほかの言語と区別する場合には、ア(ン)コロイタㇰ「われわれの言葉」とも呼んでいました。

　アイヌという言葉の本来の意味は、そのように「人間一般」を指していたのでしょうが、そのうちに和人などの異民族と接触することが多くなってくると、それらの民族と区別して自分たちを呼ぶために、アイヌという言葉を用いるようになったと考えられます。ちなみに和人（日本のマジョリティ、大多数の人びと）はシサㇺ「自分たちの隣人」、ロシア人などの西洋人はフレシサㇺ「赤いシサㇺ」と呼ばれました。和人を指すのにシャモという言葉も使われますが、これは本来のアイヌ語ではありません。その証拠にアイヌ語で話をしているときには必ずシサㇺという形が使われ、シャモという言葉は出てきません。本来のアイヌ語ではありませんし、汚いイメージを持った言葉ですので、使わないほうがよいでしょう。

　さてアイヌという言葉は「人間」という意味ですが、誰でも二本足で立って歩いていれば「人間」だというわけではありません。

「人間」と呼ばれるためには、それ相応の人格というものが認められなければならないのです。アイヌという言葉にはそのような意味あいが込められています。ですからたとえばアイヌコㇿ「アイヌを持つ」といえば「尊敬する」という意味になるわけですし、アコㇿアイヌ「私たちのアイヌ」といえば、「尊敬すべき人物」ということで「父親」を指しています。

　コシャマインやシャクシャインという有名なアイヌの首長の名前についている（ア）インという言葉も、本来は「アイヌ」であり、男性の名を正式に呼ぶ場合の尊称としてつけられたものでありました。ですからアイヌという言葉には本来少しも悪い意味はありません。しかし、差別意識を持った人々がそれを侮蔑的な目的で使うようになったため、「同胞」という意味のウタリという言葉が代わりに用いられるようになりました。しかし、最近になってまた、アイヌという言葉には悪い意味はまったくないという意識が浸透してきたため、再びアイヌという言葉が民族の自称として使われています。

アイヌ語はどこで話されていたか

　アイヌ語はかつて北海道だけでなく、樺太（カラフト）の南半分（北緯50度より南）、千島（クリル）列島全域、そして東北地方の北部でも話されていた言葉でした。そのうち東北のアイヌ語は地名に跡を残しただけで、早くから話し手がいなくなってしまいました。

●ことば●

　残る3つの地域のうち、千島方言の記録は1910年代を最後に途絶え、話し手はそれ以降確認されておりません。また樺太に住んでいたアイヌ人は、第2次大戦で樺太がソ連領となった後、大多数が日本に移住しました。現在、母語話者として樺太方言を流暢に話せる人は確認されていません。

　北海道では全域で話されていたと思われますが、日本海岸およびオホーツク海岸地域では、宗谷地方の稚内の言葉を除いては、あまり記録されないうちに話し手がいなくなってしまいました。記録の多く残されているところは、おおよそ太平洋岸地域か石狩川流域にかぎられていますが、母語として流暢に話せる人は今はほとんどいないと思われます。

　その中でもとくに、日高地方平取町を含む沙流川流域の方言が昔

コラム

蝦夷通詞とアイヌ語辞書

　近世北海道の交易所（場所）に在勤しているシサㇺの身分は、支配、通詞、帳方、番人となっていましたが、支配は、通詞をかねていることも多くありました。この通詞がいわゆる蝦夷通詞でアイヌの人々とシサㇺの通訳に当たっていました。通訳ですから、アイヌ語には堪能だったと考えられますが、実際はそうでもなかったようです。

　しかし、優れた蝦夷通詞もいました。上原熊次郎、能登屋円吉、加賀屋伝蔵といった人たちです。中でも、上原熊次郎は世界最初のアイヌ語辞典『もしほ草』やJ.バチェラー以前では最大の語彙数を収めた『蝦夷語集』などを編纂しています。金田一京助は、上原熊次郎のことを『蝦夷語学の鼻祖』と讃えています。

　この当時のアイヌ語辞書は、日本語＝アイヌ語辞書ばかりで、その逆は存在しません。このことからみても、一方的にシサㇺの言い分をとおすばかりで、アイヌの人々の言い分を聞く姿勢はなかったことが窺えるようです。

からいろいろな人によって記録され、多くのことが知られています。そのほかには胆振地方の幌別方言、あるいは旭川を含む石狩方言、新ひだかを含む日高東部方言、本別町などを含む十勝方言、千歳方言などが比較的よく調べられ、語彙や文法などがある程度わかっています。

アイヌ語の方言差は日本語に比べてそれほど大きなものではありません。北海道内の方言どうしであれば基本的に音韻と文法とに大きな違いはなく、東京弁と大阪弁ほどの差もないと考えられます。ただし、樺太の方言はいろいろな点で北海道方言と異なり、お互いに理解しあうことは難しいだろうと思われます。

アイヌ語はどんな言葉か

アイヌ語は日本語の方言ではありません。かりに遠い過去、日本語と何らかの関係があったとしても、現在ではまったく別の言葉ですので、アイヌ語を覚えるためには外国語を覚えるようなつもりで勉強しなくてはなりません。

それでも、日本語の話し手にとって、アイヌ語を学ぶ上で有利な点がひとつあります。それは日本語と語順がほとんど同じだということです。また、動詞の後ろに「させる」をつけて使役を表すような言い方や、「〜している」「〜しおわる」などの言い方も日本語とまったく同じ発想法で表現できるので、アイヌ語の単語をそのまま

日本語の単語に逐語訳して並べていけば、自然に日本語の文章になってしまうくらいです。たとえば次のような文を見てみましょう。

トアン　レタㇻ　チャペ　チェㇷ゚　エ　　コロ　アンナ
あの　　白い　　ねこ　　魚を　　食べ　て　　いる　よ

　上がアイヌ語で下はその単語を逐語訳しただけですが、立派に日本語の文になっていますね。
　とはいえ、そのほかの点でいろいろな違いがあります。まず、アイヌ語では人称というものをかならず表示しなければなりません。人称というのは「わたし」とか「あなた」とかいうことで、「誰が」それをしたのかということです。日本語では「昨日札幌へ行った？」「うん、行ったよ」のように、「誰が」をいわなくてもすむわけですが、英語では"Yesterday did you go to Sapporo？" "Yes, I did."というように、Iとかyouとかいうものを必ず言わなければならないのはごぞんじですね？
　アイヌ語でも同じように「ヌマン　サッポロ　オッタ　エオマンルウェ？」「クオマン　ルウェ　ウン」というように、エ「あなた」とかク「わたし」とかいうものを動詞（この場合はオマン「行く」）にかならずつけなければなりません。しかもアイヌ語の場合はさらに、「誰が」についてだけでなく、「誰に、誰を」についても言わなければならず、そのために人称の表現はたいへん複雑になります。逆に「誰が・誰に・どうした」ということを、短いエとかクなどを動詞につけるだけで表せるわけですから、いわばひとつの文で表現すべきことを一個の動詞で表してしまえるわけです。
　また、アイヌ語の動詞には単数形と複数形があります。たとえば

●ことば●

「来る」というのはアイヌ語でエㇰといいますが、これは主語がひとりの時の形で、主語がふたり以上の場合はアㇻキというまったく別の形が使われます。そして、上で述べたように主語をかならず動詞につけて表しますから、「私が来る」であればクエㇰ、「私たちが来る」であれば、アㇻキアㇱという形になってしまいます。こうなると、少し覚えにくいですね。

　その代わり、アイヌ語には現在形とか過去形とかいうものがありません。日本語では「来る」とか「来た」、英語ではcomeとcameで言い分けなければならないものが、アイヌ語ではどちらもエㇰですんでしまいます。現在とか過去とか未来とかの違いは「きのう」とか「これから」という副詞や、文脈で判断するわけです。

　いままで述べたことは文法的な問題ですが、アイヌ語と日本語では、発音でも似ているところと違うところがあります。まず、母音の数はアイヌ語でも日本語と同じように、アイウエオの5つです。いっぽう、子音の数は、日本語よりも少なく、パとバ、タとダ、カとガのような清濁の区別がありません。お母さんのことをハポといってもハボといっても、日本語の発音としては区別がありますが、アイヌ語の話し手にはその違いはわかりません。これは日本語の話し手が、英語のrとlを区別できないのとまったく同じことです。

　さて、これだけなら日本語の話し手がアイヌ語を学ぶのはやさしいはずなのですが、アイヌ語には日本語にない区別があるのです。それは末尾のㇷ゚とかッとかㇰとかいう音で、カナで書かれたアイヌ語をよく見ると小さな活字で表記されています。たとえば日本語の話し手の耳にはサッとしか聞こえないものでも、じつはサㇷ゚（sap）、サッ（sat）、サㇰ（sak）の3種類の区別があり、それぞれ「浜へ出る」「乾く」「〜が無い」というように全然別の意味になってしま

うのです。英語の sap という単語なら、サップというように最後で息を吐き出してしまうので、pかtかkかわかるのですが、アイヌ語の場合は息を止めてしまいます。ですから、聞きなれていない耳には、みんなサッと聞こえてしまうのです。これさえ聞き分けられるようになれば、あとはそんなに大変なことはありません。英語やフランス語よりはよほど簡単に、聞いたり話したりすることができるようになるでしょう。

アイヌ語と日本語は関係があるのだろうか

　アイヌ語はどこからきたのか、アイヌ語と日本語は関係があるのかないのか？　そういった質問をよく受けますし、それについて書かれた本も少なくありませんが、結論を言ってしまえば、はっきりしたことはまだ何もいえないというのが、最も正確な答えです。それについて断定的に書かれたものはみな、単に手持ちの数少ないデータの中に、似た単語を見つけたからという程度のことで書かれているにすぎません。だいいちに、アイヌ語と日本語との歴史的関係を問題にするのなら、アイヌ語自身の歴史がまずわからなければならないはずですが、アイヌ語の歴史的研究というのは、まだ端緒についたばかりです。アイヌ語がもともとどんな言葉だったかもよく研究されていないのに、それ以前のことがわかるはずもありません。

●ことば●

　たしかに日本語とアイヌ語には似た単語があり、それは単なる偶然ではなく、何らかの関係がかつてあったからだと考えざるをえないような例も少なくありません。たとえば、日本語のカミとアイヌ語のカムイ「神」、日本語のタマとアイヌ語のタマ「魂」、「拝み」とオンカミ、「手草（たくさ）」とタクサなど、宗教・信仰関係の語彙には似たものがずいぶんあるということは、以前から気がつかれていたことでした。それをある人は借用語（普通は日本語からアイヌ語への）として説明しているのですが、それに対して宗教とか信仰とかいった人間生活の基本に関わる部分が、簡単に一方から他方へ借用されるとは思えないという反論もなされています。

　言語学の立場からいうと、ある単語が借用語であるのか、それともふたつの言語がもともとひとつだった時から存在する単語であるのかを判断するのは、非常に難しく、借用された時期が古くなるほど困難になってくるというのは常識になっています。また、かりに借用語だったとしても、どちらからどちらへの借用語であるのかということは、言葉からだけでは一概に判断できません。民俗学や歴史学あるいは考古学などの情報の助けを借りなければ、結論は出せないのです。よく、「文化は高いところから低いところへ流れる」といわれ、アイヌ語と日本語の借用関係を論ずる場合にも、その言葉が引合いに出されますが、これはひとつの仮説であり、金科玉条の法則ではありません。また、文化の高低というのもどういう基準で判断するのかは問題です。「神」だとか「魂」だとかいう単語が借用されたということになると、相当古い時代の話と思われますが、その当時日本語を使っていた人たちが、果してアイヌ語を使っていた人たちより「文化が高かった」のでしょうか？　どうやってそれを判断するのでしょうか？

いっぽう、宗教や信仰などに関する単語が借用されるとは思えないから、その分野に類似した言葉がたくさんあるということは、日本語とアイヌ語が同系であることの証拠である、と主張する説も言語学の立場から見ると問題があります。なぜなら、同系ということは、信仰や宗教だけでなく、生活のありとあらゆる面で使われていた言葉が同じものだったということですから、ある特定の分野だけにそれが残っているというのはむしろおかしいわけです。身体名称や親族名称あるいは基本的な動詞、形容詞など、日常の生活に身近なあらゆる面に、互いに関係づけられる単語が見いだされなければなりません。

　そういうとまた反論が予想されます。身体名称というなら、たとえば日本語の「手」とアイヌ語のテㇰはどうだ、「骨」とポネはそっくりじゃないかということになるでしょう。たしかによく似ています。しかし、テㇰのテはいいとしてもㇰはどうなるのでしょうか？　日本語にももともとあったのが、あとでなくなったのでしょうか？　それともアイヌ語の方に「なにかのはずみで」くっついたのでしょうか？　また「手」を表すものとしてはテㇰのほかにモンという言葉がありますが、これは日本語の何とつながるのでしょう？　「骨」とポネはそっくりですが、「鼻」はアイヌ語でパナとはいいません（「鼻」はどのアイヌ語方言でもエトゥといいます）。それはなぜでしょうか？　そういう問題に答えられない限り、言語学では同系関係を認めるわけにいかないのです。

　もっと根本的なことをいえば、たとえば、日本語にはかつて母音が8つあったという説が現在ではほぼ定説となっています。だとすると、アイヌ語の母音が現代日本語と同じ「ア、イ、ウ、エ、オ」の5つだというのは、同系関係の証明にはかえって具合が悪いこと

になるのですが、同系を主張する人で、その点を説明しようとした人はいません。

　言語と言語の歴史的関係は、系統関係だけではありません。近年、言語類型論という分野の研究が進み、世界の言語がどのような音の構成や文法的な仕組みを持っているのかを、系統とは関係なく比べていく研究が盛んに行われています。その観点からいえば、日本語は周辺の朝鮮語や、満州語などのトゥングース諸語、モンゴル語などのモンゴル諸語、トルコ語やサハ語などのテュルク諸語などと、文法的にも音の構造的にも似た性質をたくさん共有していますが、アイヌ語は前に述べたように語順の点だけがそれらの言語と共通しているのであり、他の点ではずいぶんかけ離れた言語であることがよくわかってきました。むしろある点では日本語よりもずっと南のほうで話されている言語や、北アメリカの言語と共通する部分もあるのです。アイヌ語を含む日本周辺の言語の歴史については、まだまだこれから研究の必要な分野であり、もっと大勢の人が取り組んでくれることが期待されます。

アイヌ民族はなぜ文字を持たなかったか

　アイヌ民族は古来から固有の文字を持ちませんでした。もっとも自分たちで文字を発明した民族は世界にもほとんどなく、大多数の民族はよそから文字を借りてきて、それを自分たちの使いやすいよ

うに直して使ってきたのです。かくいう日本のカタカナやひらがなもそのひとつですし、漢字などはお隣の中国から借りたままの形で長いこと使ってきたわけです。

アイヌ民族がなぜ文字を使わなかったかということはむずかしい問題ですが、その理由として考えられることを、ここではふたつばかり挙げてみましょう。

ひとつは、文字というものがそもそもどういう目的で必要とされたかということです。これは推測に過ぎませんが、どの民族でも、文字文学などというものが発展する前の段階においては、広範囲に渡る命令の伝達、租税や貢物などで収められたものの記録、そしてその国家なり、支配者一族の事績（歴史）の記録というようなことが、一般的な文字の使用法だったと思われます。だとすれば、統一国家というようなものを作らないまま現在に至っているアイヌ民族にとっては、文字を使うことを迫られるような状況に、いままで置かれたことがなかったということができるでしょう。

もうひとつ考えられることとしては、文字を持っていたお隣の民族である和人が、アイヌ民族が文字（つまり日本語）を学ぶのを嫌って、そうさせまいとしたということです。その理由というのも推測になりますが、ひとつには自分たちとしかコミュニケーションできないようにしておいて、交易などの利益を独占しようとしたということがあるでしょう。その後、明治時代になってアイヌの人々が日本語の文字を学べるようになった時には、今度は日本人への同化政策がとられており、アイヌ語はしだいに日常生活で使われなくなってしまいました。

それでもローマ字を使って表記したり、カタカナを使って自分たちの言葉を書き表そうとする試みはいまでも続けられています。最

近では末尾のpやtやkなど(「アイヌ語はどんな言葉か」の項を参照)を小さなﾌ ｯ ｸで書き表す習慣が一般的になってきていますが、これなどはカナを基盤にした、独自の文字体系の開発ということになるでしょう。

　もっとも、かなや漢字、あるいはローマ字を自由に使いこなせる古老でも、あえてそれでアイヌ語を書こうとしない人もいます。その理由は「書くと忘れる」ということなのです。私たちは耳で聞いたことを、すぐにノートに書きつけますが、昔の人たちは全部その場で覚えてしまわなければなりませんでした。その代わり、知識というのはすべて頭の中に入っていて、いつでも取り出せるようになっているわけです。私たちはノートに書いておくとそれで覚えたような気持ちになってしまいますが、いざというときにそのノートがなければ、なにもできないわけですし、そのノートをなくしてしまえばそれっきりということが少なくありません。

　アイヌのおじいさんやおばあさんに話を聞くと、その物覚えのいいこと、博識なことにいつでも驚かされます。それは、忘れてしまったら二度と取り戻せないという気持ちで、いつでも物事に接してきたからです。ですから、かえって文字を使ってノートなどに書いてしまうと、書いたものから安心して忘れてしまうことになるというわけです。この点は私たちも反省してみる必要があります。現代は情報化社会で、手を伸ばせばいくらでも欲しい知識を手に入れることが可能です。しかし、そのうち自分が本当に身につけているといえる知識はどれだけあるでしょうか？　文字を持っていない民族や、文盲といわれる人たちを、私たちは馬鹿にしがちですが、本当に私たちの方がその人たちより豊富な知識を持っているのでしょうか？

●ことば●

身近にあるアイヌ語

　アイヌ語は意外なほどみなさんがふだん耳にしている言葉です。たとえば、貝殻をおなかに乗せて割るひょうきんなラッコは、みなさんよくごぞんじですね。このラッコという言葉はアイヌ語なのです。それからクリスマスになるとサンタクロースがソリを引かせてやってくるトナカイ。これも北欧の言葉だとおもうかもしれませんが、れっきとした樺太のアイヌ語です。お酒を飲む人にはおなじみのシシャモ。これもスサㇺというアイヌ語からきています。スサㇺという魚の名はもともとはスス　ハㇺの縮まった形で「柳の葉」という意味です。シシャモはちょうど柳の葉みたいに見えるでしょう。

　しかし、それよりもっともっとたくさん見たり聞いたり使ったりする機会のあるアイヌ語は、地名です。北海道で耳にする、ちょっとほかの土地で聞くのとは違った印象を受ける地名、それはたいていアイヌ語の地名です。たとえば登別はもともとはヌプㇽ　ペッという発音で「濃い水」という意味。そのヌプㇽ　ペッというアイヌ語を漢字で表現しようとして登別という字をあてたのです。ですから「登」という字や「別」という字にはもともと何の意味もありません。

　このように「別」とか「内」、あるいは「尻」という字が終わりにつくところは、北海道の中ではまずアイヌ語の地名だと思って間違いありません。「内」は「沢」を表すナイ、「尻」は「土地」とか

「山」とかを表すシㇼに漢字をあてたものです。たとえば稚内（わっかない）は、ヤㇺ　ワッカ　ナイがもともとの名前だといわれ、「冷たい・水の・川」の意。利尻（りしり）はリ　シㇼで「高い・山」の意です。

　このほかにも語源を調べて行くといろいろと面白いことがわかります。襟裳岬の「えりも」はエンルㇺが語源で「岬」のこと。つまり襟裳岬は「みさき岬」ということになりますね。知床岬の「しれとこ」はシㇼ　エトコ「土地の　突出部」で、要するに「岬」のことであり、これもまた「みさき岬」になります。千歳空港の千歳は、アイヌ語の地名ではありません。ここはもともとシ　コッ「大きな沢」と呼ばれていたのですが、シコッは「死骨」につながって縁起が悪いというので、江戸時代におめでたい千歳という名に代えたのだそうです。シコッというもとの地名は、いまでも支笏湖の名前で残っています。

　さてそうなると、ここはどういう意味だ、ここはアイヌ語で何というのだと、いろいろ知りたくなるでしょうが、地名というのは大部分が遠い昔につけられたもので、時代とともに形が変化してしまったり、もともとその名前がついていたところから移動してしまったりします。たとえば、札幌に月寒というところがあり、いまはツキサムと読んでいますが、昔はチキサㇷ゚という名前のところでした。チキサㇷ゚がツキサップになり、それに月寒という漢字をあてたら、漢字に引かれて呼び方がツキサムになってしまったのです。また屈斜路湖はクッチャロという地名からつけられた名ですが、このクッチャロというのは湖が川になって流れ出す出口のことです。そこにあった村が有名だったので、この湖全体を和人が「くっしゃろ」と呼ぶことにしたのでした。

このように、ある地名がどんな意味であるのかを知るためには、ただ適当なアイヌ語をあてずっぽうにあてはめるだけではいけません。それがもともとどんな語形で、もとはどこにつけられていた名前だったのかを、まず調べなければなりません。釧路とか十勝とかいった大きな地名は、それが本来どこにつけられていた名前なのかがはっきりせず、おまけにもとの語形がよくわからないので、いまだに語源に関しては定説がないのです。

　また、これはいうまでもないことなのですが、アイヌ語で解釈するためには、まず正しいアイヌ語を知らなければなりません。J. バチェラーの『アイヌ・英・和辞典』などを使って地名解釈をしようとすると、ときどきとんでもない嘘単語が出てくるので用心しなくてはいけません。たとえばバチェラーはアという単語に「燃える」という意味があるとしていますが、これは実はアペ「火」という単語をア　ペ「燃える　もの」と解釈して出てきた幽霊単語なのです。アイヌ語の文法でいけば、アが「燃える」だとしても「燃える　もの」はアㇷという形にしかなるはずがなく、したがってアペという単語をアとペにわけるのは無理な相談なのですが、文法を無視すると何でもできてしまうわけです。富士山の「ふじ」がアイヌ語のフチ「おばあさん」だというのもバチェラー説で、信じている人が以外に多いようなのですが、眉つばものです。

　それでは正しい地名解釈をしたいという人はどうしたらよいのでしょうか。それにはまず、次の本を読んで下さい。それから地名調査に行ったり、ほかの地名の本を読んだりしましょう。

●ことば●

■知里真志保『アイヌ語入門』(1985年復刊)北海道出版企画センター
■知里真志保『地名アイヌ語小辞典』(1985年復刊)北海道出版企画センター
■山田秀三『アイヌ語地名の研究』全4巻(1982～3年)草風館
■山田秀三『東北・アイヌ語地名の研究』(1993年)草風館

アイヌ語学習運動の現在

「アイヌ語を話せる人は現在何人くらいいるのですか?」という質問をよく受けますが、これにはっきり答えられる人はたぶんいないでしょう。というのは、アイヌ語を話す能力があってもそれを口にせず、話せることすら他人に知られないようにしている人が大勢いると考えられるからです。和人から社会的経済的差別を受け続けてきたために、自分や自分の子供たちがアイヌ人であることを隠そうとしてきた人が多く、アイヌ語を後世に残すことには意味がないとして、自分かぎりで終わりにしてしまおうとする考えが一般的に強くあったからです。

ところが、そういう傾向はすでに百年も前から始まっていたことであるにもかかわらず、現在でもアイヌ語の話し手はちゃんと存在します。それだけでなく、今までアイヌ語を話せるとは誰も思っていなかったような人が、ある日何かのきっかけで口を開き、子供の

頃に覚えたアイヌ語を話し始めるということも起こってきています。少しずつではありますが、彼らをとりまく社会状況が、アイヌ人であることを自ら主張しやすいような方向へ変化し始めたということがいえるのではないでしょうか。

　そうした変化は、1984年にアイヌの古式舞踊（伝統的な民族舞踊）が、国の重要無形民俗文化財に指定されたあたりからはっきりした形をとり始めましたが、1986年に中曾根首相が「日本は単一民族国家である」という発言をおこなったことが大きな起爆剤となったことも確かです。それによって、自分たちの存在をアピールするためのアイヌ人の動きが、大きくクローズアップされるようになってきました。

　そうした動きの中で、民族というものの成立に最も重要なのは「言葉」であるという認識が強くなされるようになり、アイヌ語の学習や復興ということに力が注ぎ始められました。1987年からは北海道各地でアイヌ語教室と呼ばれるものが開設されるようになりました。これは、1983年から日高平取町の萱野茂さんが私的に開いていたアイヌ語塾をモデルに、北海道ウタリ協会（現公益社団法人北海道アイヌ協会）が道の補助を受けて始めたものであり、以後全道に展開されました。1994年には、このアイヌ語教室で使用するための共通テキストとして『アコㇿイタㇰ』が北海道ウタリ協会から刊行されました。これは全道のアイヌ語教室の指導者とアイヌ語研究者が共同で作成したもので、特にここで検討されたアイヌ語カナ表記の原則は、その後多くの出版物で採用されています。

　また、1989年以来、毎年1回北海道アイヌ協会主催の「アイヌ民族文化祭」という催しが開かれています。これは、各地にある古式舞踊の保存会や、アイヌ語教室、あるいは刺繍や彫刻などの成果を

発表しあう会で、日頃の研鑽の総まとめ的な成果となると同時に、アイヌ文化の新しい形を模索する場ともなっています。

教育の場でも、北海道では北海道大学、北海道教育大学、北海学園大学、札幌学院大学、札幌大学、藤女子大学、駒澤大学苫小牧校など、本州では千葉大学、早稲田大学、東京外国語大学などで、アイヌ語やアイヌ文化に関する教育をカリキュラムに組み込んでいます。その中でも札幌大学は2010年から毎年一定数のアイヌ子弟を進学させて未来のアイヌ文化の担い手として育成する、ウレシパ・プロジェクトというユニークな教育プログラムを発進させ、成果を上げつつあります。

こうした流れの中で、1997年に「アイヌ文化の振興並びにアイヌの伝統等に関する知識の普及及び啓発に関する法律」、通称「アイヌ文化振興法」が成立し、それを実施するための機関として財団法人（現在公益財団法人）アイヌ文化振興・研究推進機構が設立されました。ここでは、アイヌ語に関連するものとして、アイヌ語上級話者育成、アイヌ語指導者育成、アイヌ語ラジオ講座、アイヌ語弁論大会（イタカンロー）、親と子のアイヌ語学習、アイヌ語入門講座などといったさまざまな事業を展開してきました。研究助成・出版助成事業や、語り部育成事業などもアイヌ語に関連する分野として成果を上げてきましたし、伝統的な口承文芸を若い人に語らせてアニメ化した「オルシペ　スウォプ（物語の箱）」という企画も、良質のアイヌ語教材の作成ばかりでなく、語り手の育成にも貢献しています。

2008年からは同機構主催の担い手育成事業が白老のアイヌ民族博物館で開始されました。これは1期3年で、アイヌ語を含む総合的なアイヌ文化を実践的に学ぶ人材育成カリキュラムで、修了生は同

●ことば●

博物館の正規職員になるなど、関連諸分野で活躍しています。

　さらに、2009年に開かれた「アイヌ政策のあり方に関する有識者懇談会」での提言をもとに、「民族共生の象徴となる空間」(略称「象徴空間」) 設立の検討が開始され、その象徴空間の核となるものとして、日本で5番目の国立博物館となる国立アイヌ民族博物館が、2020年の開設に向けて準備が進められています。

　このようにアイヌ語を取り巻く環境は大きく変化しつつあり、雑誌などのメディアでもアイヌ民族やアイヌ文化を取り上げる機会が増え、アイヌ語が一般の人の目に触れることも多くなってきています。中でも北海道新聞は2017年から、アイヌ語をカナ表記する際に日本語にない発音を表すための小文字表記を本紙に採用しました。

　アイヌ語が日本語とは別の日本の一言語として広く認知される環境は、徐々に整いつつあります。そして上に挙げたようなさまざまな場を利用して、アイヌ語の学習者は確実に増えています。母語話者がほとんどいなくなったのは事実ですが、アイヌ語は消滅したわけではありません。すべてはこれからの努力次第です。

| ひとびと
| の
| あゆみ

●ひとびとのあゆみ●

アイヌ民族に歴史はあるか

　私たちは、学校で日本史とか世界史を学んできましたが、アイヌ史という分野はありませんでしたね。アイヌの人々には、歴史などないという考え方がずっと支配的でしたから、「アイヌ史」というのもまた存在しなかったのです。

　それはどうしてでしょうか。日本史も世界史も、その考え方の基本には、史料というものがあります。それを分析し、解釈しながら歴史事実を組み立てていきます。史料というのは、文字によって記録されたものですから、文字がなければ存在しないのです。史料がなければ、歴史を書くことができません。だから、アイヌ史も存在しないのです。だって、アイヌ語には文字がともなっていなかったのですから。

　何かおかしいですね。

　アイヌの人々には自分たちの文字の記録がなかっただけで、シサㇺ（和人）と同じくらい長い間この日本列島に住んでいたのです。歴史がない訳がありません。歴史というのは、結局は人間の様々な生活の記録にほかならないといっていいのですから。

　文字がなければないなりに、過去の生活の跡をたどることができるはずです。アイヌの人々に歴史がないなどというのは、そのような努力がなされなかっただけなのです。歴史研究者の偏見と無理解のせいだったのです。

さすがに、最近ではアイヌの人々に歴史がないという考えを持つ人は少なくなってきました。むしろ積極的にアイヌの歴史を考えていこうという研究者も増えつつあります。

　とくに、日本の東北地方の歴史を考えるときアイヌの歴史をきちんと知っておかなければなりませんし、北海道の歴史はアイヌの歴史そのものであるということもできるのです。

　では一体どのようにしてアイヌの人々の歴史を探っていけばよいのでしょうか。

　前にも述べたように、アイヌの人々には、文字の記録がありません。ユカﾗなどの口承文学があるといってもそこに歴史的事実が反映されているかどうか、その検討もまだまだ不十分です。ですから、シサﾑの側に残された記録を主に利用することになります。しかし、これはアイヌの人々にとっては、外側から見て書かれた記録ですから、実態が正しく伝えられているものばかりとは限りません。書かれている内容を詳しく検討して行くという作業からまず始めなければなりません。そして、アイヌの伝承などとも考えあわせて、信頼できる史料を集めていく必要があります。そうした努力を重ねてはじめて本格的なアイヌ史を書くことができるのです。

　アイヌの人々に歴史がないのではありません。歴史として書かれなかっただけなのです。まだまだ、信頼度の高いアイヌ史の本はありません。アイヌ史の研究は始まったばかりなのです。皆さんの中からもやがてアイヌ史を研究する人がでてくるとおもいます。日本史や世界史のように、アイヌ史もいつかは学校で学べるときがくるでしょう。そんな日本に早くなればいいですね。

●ひとびとのあゆみ●

いつから日本の歴史に登場するか

『古事記』の中巻には、ヤマトタケルの説話があって、それには、東の「まつろはぬひとども〈服従しない人々〉」を平らげたとみえます。また『日本書紀』「神武天皇」のところをみますと、「えみしをひたり　ももなひと　ひとはいへとも　たむかいもせす」という歌があります。

歌の意味は、「えみし一人で百人に当たると人はいうけれども抵抗もしない」というのです。

おなじ『日本書紀』「景行天皇二十七年」のところで「蝦夷（え

中世に描かれた蝦夷（「聖徳太子絵伝」上宮寺）

みし）」という漢字がはじめて出てきます。

　同書では、ほかの箇所にもしばしば「蝦夷（えみし）」の語をみることができます。

　なかでも有名なのは、斉明天皇の時代で阿倍臣比羅夫が、アキタ、ヌシロ、ツガル、イブリサエなどの「えみし」を討ったという記事です。

　これらの歴史書に出てくる「えみし」や「まつろはぬひとども」がはたしてアイヌの人々をさしているかどうかは現在なお議論が分

コラム
●
「蝦夷」アイヌ説と非アイヌ説

　「蝦夷」という語は、元来、中国の歴史のなかで漢族以外の周辺の人々をさす蔑称でしたが、古代日本ではヤマト政権が、東北地方のヤマトに屈伏しない人々をこの語（えみし）で呼びました。のちには北海道の地を蝦夷島（えぞがしま）とか蝦夷地と呼びました。

　古代の歴史書にでてくる「蝦夷」がアイヌと同じかどうかという問題は、江戸時代の新井白石や本居宣長等の説以来、明治になると人類学者や考古学者などにより論争されてきました。小金井良精や鳥居龍蔵は石器時代人アイヌ説、坪井正五郎は石器時代人コロボックル（アイヌ神話のなかの人物）説を唱えました。つまり日本列島の先住民であるはずの石器時代人をアイヌと想定したのです。その後、これらの説は批判され、アイヌ民族の由来は、あいかわらず不明とされています。

　考古学からの説明も、古代東北の文化は弥生時代にすでに農耕文化が成立していたという発掘の成果があり、さらに金田一京助や山田秀三による東北地方におけるアイヌ語地名の研究もあり、「蝦夷」とアイヌの関係はいまだすっきり解明されていません。

　要するに、蝦夷アイヌ説は、「蝦夷」が北海道のアイヌ文化に、蝦夷非アイヌ説では日本（ヤマト）文化につながる面を強調していることになるでしょう。

かれています。そこに人種であるとか、異民族であるというような考え方をいれるべきではない、大和朝廷に服従しない人々、つまり対立する勢力が一方にあった。それが「えみし」であるというのです。

しかし、この人々の中にアイヌの人たちが含まれていることについては問題ないと考えられています。またたとえば地名では、ツキサラ、シシリコ、シリベシなど、また人名では、サニクナ、イカシマ、ウホナなどといった表記のように、アイヌ語ではないかとおもわれるものがあります。

ですから、この時代にアイヌ語で読める地名を残した人びとを「アイヌ語族」ということもあります。

神武天皇やヤマトタケルの記事は伝説ですけれども、『古事記』や『日本書紀』が書かれた8世紀初めごろの蝦夷に対するシサム認識を反映しているといえなくもありません。

これらのことから、すくなくとも7～8世紀にはアイヌの人々とみられる存在が日本史に登場していると考えていいとおもいます。

年表1　考古学による北海道の時代区分

	(BC)	90	70		0	5	10	14 (AD)
北海道	先土器		縄　　文			続縄文	オホーツク文化	アイヌ文化
							擦　文	
本州	先土器	縄　　文		弥生	古墳	歴　　史		

●ひとびとのあゆみ●

江戸幕府や松前藩と アイヌ民族の関係

　江戸時代の北海道は蝦夷地と呼ばれ、そこに松前藩がおかれていたということはよくごぞんじのこととおもいます。蝦夷地では米がとれませんでしたから、松前藩はたとえば加賀百万石というように米の取れ高によって藩の大きさを表すことができません。松前藩が一万石格などとされるのはそのためなのです。家臣の給料も米で支払うことはできませんから、松前藩では、主だった家臣に蝦夷地をいくつかに分割してその一部を与え、そこでアイヌの人々と交易することを認めました。これを場所といい、場所を与えられた家臣を知行主といいます。交易で得られた収入がその家臣たちの知行（給料）になるのです。

　はじめは、知行主が直接場所へ出かけ交易にあたっていましたが、後には、商人が知行主に上納金（運上金といいます）をおさめ、そこでの交易を請け負うようになります。これが場所請負制です。17世紀後半以降、アイヌの人々は、場所請負制の枠の中にはめられていき、商人の横暴による苦しい生活を余儀なくされます。

　ところで、松前藩は、アイヌの人々を交易の相手としてみていただけで、あまり彼らの生活に干渉しませんでした。ですから、よくいわれるような、松前藩がアイヌの人々に対して日本語を学ぶことを禁じたということはなく、場所請負の商人たちが、アイヌの人々を支配しやすくするためにとっていた手段なのです。

しかし場所請負制の弊害が目だちはじめ（クナシリ、メナシのアイヌ蜂起などの対シサㇺ戦争が起る）、また、外国船が蝦夷地のかいわいに出没するようになると、江戸幕府は、蝦夷地をこのまま松前藩に任せておくことはできないと考えます。アイヌの人々が日本を離れ、外国と結ぶのではないかという懸念からです。

1799（寛政11）年、江戸幕府は東蝦夷地を松前藩から召し上げ、幕府の直轄地とし、ついで、1807（文化4）年には西蝦夷地（北海道の日本海・オホーツク海側）も直轄地として、松前奉行を置き蝦夷地の事にあたらせます。この時期、松前奉行は交易の不正を正そうとしたり、アイヌ風俗の日本化をすすめたりしましたが、1821（文政4）年に蝦夷地を松前氏に返したため、おもったような効果は上がらずじまいでした。

江戸幕府は1854（安政1）年に、蝦夷地を再び直轄地とし、アイヌ風俗の日本化をはじめ、日本語の習得をすすめたり、困窮しているアイヌの人々に対する援助などの政策をとりますが、政策を徹底しないまま明治維新を迎えます。

コラム

東蝦夷地と西蝦夷地

　松前からみて、東の方を東蝦夷地、西の方を西蝦夷地とよんでいます。
　詳しくは、山越内（現在の山越郡八雲町山越）から噴火湾、襟裳岬を経て知床岬にいたる太平洋岸の地域を指して東蝦夷地といいます。
　これに対して、熊石（旧爾志郡熊石町現在の八雲町熊石地区）以北、瀬棚、寿都、増毛、宗谷を経て知床岬にいたる日本海、オホーツク海岸の地域を西蝦夷地といいます。また、山越内から熊石の間は和人地とよんでいます。

● ひとびとのあゆみ ●

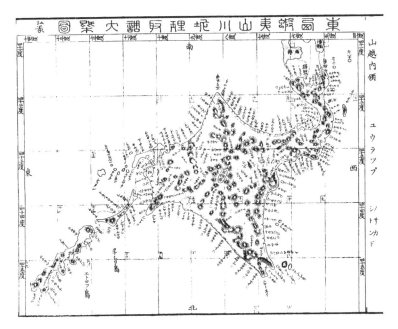

松浦武四郎（1818〜88）「東西蝦夷山川地理取調大概図」（全26枚）安政6年（1859）
　松浦武四郎は北海道の大半を歩いて、精査な地図を刊行した。アイヌ語地名の研究には欠かせない貴重な資料である。

　場所請負制はアイヌの人々及びその文化や社会生活に大きな影響をあたえました。極端な言い方をすれば、請負商人はアイヌの人々に対して生殺与奪の権さえもっていました。生産性を上げるためにはアイヌの人々を人間としてではなく、牛馬のように扱っていたのです。松前藩はこれら請負人の非道に対して何の対策も講じませんでしたが、松浦武四郎は『近世蝦夷人物誌』の中で松前藩や請負人を強く批判しています。これの活字本は、たいていの図書館にもありますので、是非一度読んでいただきたいとおもいます。

江戸幕府の政策は、あくまでも国防という観点からのもので、積極的にアイヌの人々やアイヌ文化を守ろうとの姿勢があったわけではありませんし、明治政府以後もまた同様でした。

コシャマイン・シャクシャインの戦い

アイヌ民族とシサㇺとの歴史上、最も重要な戦いが三度ありました。

■1457（長禄1）年のコシャマインの戦い
■1669（寛文9）年のシャクシャインの戦い
■1789（寛政1）年のクナシリ・メナシ地方のアイヌの蜂起

以上がそれですが、もちろんこのほかにも大きな戦いはいくつかありました。それらについてはp43、年表2を参照してください。

この三度の戦いは、アイヌ民族にとってはシサㇺとの関係のうえで大きな転回点となりました。まず、コシャマインの戦いからみてみましょう。

コシャマインの戦い

1456（康正2）年の春のことです。箱館にほど近いシノリ（志海苔）の村で一人のアイヌの青年が、シサㇺの鍛冶屋にマキリ（小刀）を打たせました。ところが、そのマキリの切れあじをめぐって

二人のあいだに口論がおき、鍛冶屋はアイヌの青年を刺し殺してしまったのです。この事件をきっかけに道南のアイヌの人々がシサㇺに対して一斉に立ち上がりました。これ以前から長く大闘争の時代が続きますが、その最大のものが、コシャマインの戦いなのです。

1457（長禄１）年５月14日、コシャマインを大将とするアイヌ軍が箱館をはじめとする道南各地の館（俗に十二館というシサㇺの拠点）を襲います。アイヌ軍は強く、次々と館をおとし、残るは二館のみという状態になりますが、花沢の館（現在の上ノ国町）にいた武田信広によってコシャマインが討たれると（一説に６月20日）、アイヌ軍は敗れ、シサㇺ軍が道南を回復し、さしもの戦いも終わります。

コシャマインを討った武田信広は、後に、蠣崎氏の養子となり、やがて松前藩の藩祖となります。

シャクシャインの戦い

アイヌ民族とシサㇺとの最大の戦いですが、その発端となったのは、パエ（現在の日高町門別）のアイヌと、シプチャリ（現在の新ひだか町静内）のアイヌとの20年におよぶイウォㇽ（領地）をめぐる争いでした。

1640年代、パエの首長はオニビシ。シプチャリのおさはカモクタイン、副首長がシャクシャインでした。1648（慶安１）年、シャクシャインがオニビシの部下を殺すという事件が起こります。このときは、松前藩が調停に入ったのですが、５年後の1653（承応２）年に、パエのアイヌがカモクタインを殺してしまいます。その後、両者は小さな争いを繰り返し、そのつど松前藩が間に入っていたので

すが、だんだん険悪な状態となり、1668（寛文8）年4月にはとうとうオニビシが殺されます。

パエのアイヌは、松前藩に救援を求めに行きますが、その帰途、使者の数人が急死してしまいます。これが、松前藩による毒殺と伝えられ、アイヌの人々の間にシサㇺ不信が強まります。

シプチャリの乙名になっていたシャクシャインは、このままでは松前藩によってアイヌの人々が皆殺しにされると訴え、各地のアイヌの人たちを反シサㇺ、反松前としてまとめます。

こうして、1669（寛文9）年6月、シラヌカからマシケに至るアイヌの人々が一斉に蜂起して、シサㇺに対する大戦争が開始されます。はじめ、アイヌ軍が優位の内に戦いが進められますが、クンヌイ（長万部町国縫）の戦い以後は、アイヌ軍の勢力が分断されたこともあって、シサㇺが優位となり、ついに、10月23日松前軍とシャクシャイン軍とは和解することになります。ところがこれは偽りの和解で、その祝いの席でシャクシャインが殺されてしまいます。指導者を失ったシャクシャイン軍は、結局は敗れ去り、以後は長くアイヌの人々の虐げられた生活が続くことになります。

クナシリ・メナシのアイヌ蜂起

シサㇺ、とりわけ場所請負人たちのアイヌの人々に対する過酷な扱いや、不公正な賃金の支払いなど非道のふるまいが横行するとアイヌの人々の間にシサㇺへの不満が増大していきます。

1789（寛政1）年5月、クナシリ島の人々がまず立ち上がり、ついでメナシ地方（現在の根室支庁管内目梨郡一帯）の人々が立ち上がります。かれらは、シサㇺの運上屋などを襲い、番人たちを殺害

するに至ります。この蜂起は、シャクシャインの時とは違い、組織だった蜂起というよりは一揆のようなものでしたから、松前の正規軍と一戦も交えないうちに、長老たちの説得で戦いを止めます。

蜂起の指導者であるマメキリたち7人は、7月21日に死刑となります。しかし、このとき一緒に捕まっていたアイヌたちが騒ぎだしたため、全員が鉄砲などで撃ち殺されてしまいます。

蜂起そのものは、わずかな期間で終わりますが、この後遺症は大きく残りました。マメキリらを説得した長老たちは、イコトイ、ションコアイヌ、ツキノエなどといった人々ですが、身内には蜂起に参加したものもいました。この人々を松前藩は、御味方蝦夷と呼び、その肖像画も残されていますが、かれらの心中は如何ばかりであったでしょうか。

年表2 アイヌの大闘争時代（松前藩の記録にあらわれたもの）

1456	蝦夷蜂起	1648	東部蝦夷間の抗争
1457	東部首長（コシャマイン）蜂起	1651	東部メナシクルとシコツクルとの抗争（1648と同事件か）
1469	蝦夷蜂起		
1473	蝦夷蜂起	1653	東部メナシの蝦夷蜂起
1512	蝦夷蜂起	1655	シャクシャインとオニビシの和解
1513	蠣崎光広、大館を攻める	1662	東部の蝦夷騒乱
1515	東部首長（ショヤコウジ兄弟）の蜂起	1665	東部の蝦夷和解（下国安季のあっせん）
1525	東西蝦夷の蜂起	1669	シャクシャインらの蜂起
1528	蝦夷の蜂起		10月23日、シャクシャイン謀殺
1529	西部首長（タナサカシ）の蜂起、セタナ来寇	1670	西部与伊知（よいち）の蝦夷を征す
1531	蝦夷蜂起	1671	東部之良遠伊（しらおい）の蝦夷を征す
1536	西部首長（タナサカシの女婿タリコナ）の蜂起	1672	東部久武奴伊（くんぬい）の蝦夷を征す
	〈以後東西地とも平安となる〉	1758	ノシャップの蝦夷とソウヤの蝦夷の抗争
1551	初めて東西の夷尹を定める。東地チコモタイヌ（知内）、西地ハシタイヌ（瀨田内）	1770	十勝の蝦夷と沙流の蝦夷の抗争
		1789	クナシリ・メナシの蝦夷の蜂起（最後の対和人闘争）
1643	西部首長（セタナイのヘナウケ）の蜂起		

この蜂起を最後にシサㇺとアイヌ民族の戦闘は終わりを告げます。しかし、それは両者が理解し合って得た平和の訪れでなかったことはいうまでもありません。

アイヌ絵とは何か

　アイヌの人々の様々な風俗を描いた絵画作品は、ふつう「アイヌ絵」とか「アイヌ風俗画」などといわれます（ここでは「アイヌ絵」という用語を使います）。この絵がテーマとしている範囲は相当に広いので、学問的には、限定して用いています。つまり、①狭い意味での「アイヌ絵」と②広い意味での「アイヌ絵」です。
　①については、まず18世紀初めから19世紀半ばまでに描かれたもので、アイヌの人々の生活や風俗、文化をテーマとしていること、作者はシサㇺであることが条件となります。
　②については、描かれた時期や、作者、テーマ、内容などは限定しません。アイヌの人々のほか、ウィルタ、ニブヒ、蝦夷（えみし）などの人々も含みます。
　一般に「アイヌ絵」といっているのは、狭い意味の方ですが、これに属するものはかなりの数がしられてはいますが、その実数はつかむことができません。各地の博物館でパネルになっている作品の多くは、『蝦夷島奇観』（村上嶋之丞、1799年）、『蝦夷国風図絵』（小玉貞良、18世紀後半）、『蝦夷風俗図屏風』（平澤屏山、19世紀半

●ひとびとのあゆみ●

アイヌの集会の図(平澤屏山画、ピーボディ博物館)

ば）などでいずれもアイヌ絵を代表する作品ですが、写本も多く、したがって写し間違いのあるものも少なくありません。

　これらの絵は、それぞれが描かれた時期のアイヌ文化を復元的に考える上で貴重な史料となります。いずれの作者も蝦夷地での生活を体験しており、アイヌの人々とも親しく接した経験があります。細かく正確な描写がなされた理由のひとつでしょう。アイヌ絵が風俗を知る資料となるには、その絵の作者がどの程度アイヌの人々を知っていたかにかかってきます。

　広い意味での「アイヌ絵」には、11世紀半ばに描かれた蝦夷や、14世紀初めの作品があります。いわゆる蝦夷の姿を現在に伝えるものとして大変重要な作品ですが、そこからアイヌ風俗を正しく読み取ることは、なかなかむずかしいものです。写真を挙げておきますから試してみて下さい。(p.34)

　また、アイヌ絵を見る際に忘れてはならないことは、それがシサムの手で描かれているということです。アイヌ文化には、絵を描くという行為はありませんでした。アイヌ絵は、アイヌ自身が積極的に残した文化ではないのです。そういう点で日本絵画史の中の風俗画とはかなり性格が異なるものといえます。

アイヌ文化の起源
——北海道の歴史をながめてみる——

　アイヌの人たちは、ずっと昔から北海道に住んでいたのでしょう

か。また、縄文時代の人々と、おなじような生活をしていたのでしょうか。

　人間の起源を探るといっても、「形質人類学」の立場からたどるのと、「文化」の系統をたどっていくのと、大きく分けてふたとおりの方法があります。前者は人間の体にみられる様々な特徴をとらえて比較する方法で、いうなれば「血のつながり」を考えていくようなやりかたです。それでは、文化をたどっていく方法とはどのようなものでしょうか。

　一般に、どんな言葉を話し、何を、どのように調理して食べ、どんな服を着て、どういう家にだれと一緒に住み、どんな道具を使い、どんな神様をどのように信仰しているかといった、人々の（毎日の）生活の仕方や社会の仕組みについて、あるひとつの地域または時代に共通したものがみられるとき、それを「文化」とよんでいます。この文化というものは、それぞれの要素が、毎日すこしずつ、ときには急に大きく変化します。あなたがたの身のまわりにあるものを見てください。昨日から今日をくらべても何も変わってはいないようにおもえるでしょう。しかし、パソコン、電子レンジ、カラーテレビ、車……、ちょっと古く？なりましたが、新幹線、高速道路どれも昔からあったわけではありません。すこしずつではあっても気がついたら……あれれ。おじいさんやおばあさんに聞いてごらんなさい。そして、こうした変わり目を「文化の変わり目」と考えてみましょう。人間が作りだしたものには、世の中の移り変わりが反映されているのです。

　それでは、文化の移り変わりという見方から、アイヌ文化のはじまりについて考えてみましょう。このことを考えていくにあたっては、土の中から掘り出した土器や石器などの道具から、人々の生活

擦文時代の住居想像図（『おびらの文化財』より）　　擦文時代の住居跡（ウサクマイ遺跡）

を復元していくことが得意な考古学の力を借りる必要があるようです。

　北海道にはじめて人間が住みはじめたのはいつなのか、いまのところ、もっとも古いと考えられている遺跡は約2万年前のものといわれています。遺跡を発掘しても石器しか発見されませんので、このころの人々は土器を作ることを知らなかったということができます。木や骨で作った道具は使っていたでしょうが、長い年月のあいだに土の中でとけてしまい、残念ながら発見されてはいません。この文化を旧石器文化あるいは先土器文化と呼び、その時代を旧石器（文化の）時代とよんでいます。それでは、この時代の人たちは、どこからやってきたのでしょうか。皆さんは、地球の気候が寒くなり、地球上の氷河が今よりもっと発達した時期が何度かあったことを知っているでしょう。その最後の氷河期がちょうど2万年前ごろにあたります。地球上の水分の多くが氷になるのですから、当然、海水面は下がります。そうすると、北海道はサハリン、シベリア、本州と陸つづきになり、このとき、アジア大陸からマンモス象やナウマン象などが北海道へもわたり、それを追いかけて人々も北海道

●ひとびとのあゆみ●

へやってきたと考えられています。その証拠に、北海道のものと同じような方法で作ったと考えられる石器が大陸でも発見されています。

　やがて、約8000年前（研究者によって説が異なりますが）になると、土器が使用されるようになります。土器の使用は、どのような食物をどのように加工・調理して食べるのか、食生活にも変化をもたらしたと考えることができます。竪穴住居に住み、大きな集落もあったようですから、決まったところに長く住むようになり、人口も増えたことが考えられます。この文化を縄文文化とよんでいます。狩猟・漁撈・採集の社会であったといわれますが、サケ・マスなどの漁撈、シカなどの狩猟やドングリなど木の実、山菜の採取のほか、ソバなどの簡単な栽培をおこなっていたことがわかってきました。

　この旧石器時代、縄文時代を、それぞれ詳しくみると、平凡な毎日が何千年も続いたわけではないようです。石器の作り方や種類、土器の文様や形などをみると、そこには大きな変化がみられます。なぜそのような変化がおこったのかは、まだよく説明されてはいないのですが、このような土器や石器のうつりかわりは、その時代の中で何回も生活の変化があったことを反映していると考えてもよいでしょう。

　さて、紀元前3世紀ころ、北九州に稲作農耕を伴った弥生文化が成立します。伴った文化と書いたのは、稲作だけが弥生文化の決め手ではないからです。稲作農耕だけではなく、日常の生活から、権力を持った人物が社会の頂点に立つというような社会の仕組みまでをふくめて、弥生文化とよんでおきたいとおもいます。そして、この弥生文化にみられる土器作り、稲作農耕の影響は、青森県にまで及んでいることがわかってきました。

●ひとびとのあゆみ●

　この時期の北海道も、稲作はありませんでしたが土器作りや食生活などの点で、おそらくこの弥生文化の影響をうけたことが考えられます。しかし、社会の仕組みという点では、弥生文化は影響を及ぼさなかったようです。人々は、それまでの縄文文化の暮らし方をうけついだ生活を続けていたと考えられています。主食となる食料を得る方法も、狩猟・漁撈や採集であったとされ、縄文文化とほぼおなじであったと考えられます。このときから本州以南とは異なった、北海道独自の歩みが始まるといえます。この文化を縄文文化から続く文化という意味で続縄文文化と呼んでいます。

　しかし、続縄文文化のあいだにも、本州では権力者がしだいに周辺の人々を自分の勢力下に組み入れていきました。その影響は東北地方を経て、やがて北海道にも及ぶことになります。北海道の人々は、物々交換や権力者からのプレゼント（下賜）などで、鉄などの本州産の物資を手に入れはじめます。

　やがて、7世紀なかばに本州には律令国家が成立しますが、それとほぼ同じころに、北海道では土器の作り方や住居の形が、それまでの続縄文文化のものとはちがった、おなじ時代の本州のものとそっくりな（影響を受けた）ものとなります。この文化を、この時代に使われた土器の特徴──土器に擦ったような痕がみられること──から擦文文化と呼んでいます。しかし、ここで注意すべきことは、土器や住居の変化だけではありません。それまで長い間使われてきた石器がほとんどみられなくなり、また小刀や鍬（土掘具）などの鉄の道具がみられるようになります。材質がそれまでの石から鉄に変わっただけだといいきれるかどうかは別にしても、鉄の使用は重要な意味を持っています。なぜなら、当時の人々は簡単な鍛冶はおこなっていたことがしられていますが、製鉄をおこなっていた

●ひとびとのあゆみ●

とはいまのところ考えられていません。したがって、これらの鉄は本州とのモノの交換（交易）によってもたらされたものであると考えざるをえないからです。おそらくは、鉄器だけではなく、そのほかいろいろなものが交換されたことでしょう。日本の古い記録にも、北の方に住む人々がクマの毛皮を献上したという記録がありますから、擦文文化の人々もクマなどの毛皮をもとに交易をおこなっていたのでしょう。つまり、擦文文化の時代をとおして、交易によって生活必需品を得る度合いが高まり、やがて交易はなくてはならないものになっていったということができるとおもいます。なお、擦文文化の人々は、本州の人々から制限を受けることなく、自由に交易をおこなっていたと想像されます。このことは、アイヌ文化にみられる交易、とくに江戸時代以降の交易のようすと比べるとき、重要な意味を持っています。

　また、擦文文化のころ、サハリンからべつの人々の集団がオホーツク海沿岸に渡ってきますが、やがて擦文文化といっしょになってしまいます。この文化をオホーツク文化と呼んでいますが、クマ送りなどの儀式にかんして、アイヌ文化に影響を与えたという説もあります。

　やがて、12〜13世紀ころの本州を中心とした商業の発達にともない、物資の北海道への流入は、以前にもまして盛んになったとおもわれます。鉄の鍋もはいるようになると、はじめ人々は、その鉄鍋をまねて土器で鍋を作っていたのですが、やがて、鉄鍋が普及したとみえて、土器は全く姿を消してしまいます。これと相前後して、住居の建て方もそれまでの竪穴から、平地に柱を埋め込むものへと変わっていきます。考古学では、この段階をアイヌ文化の成立と考えています。このように、アイヌ文化の誕生には、本州との交易が

大きな役割をはたしていたといえるでしょう。

　ところで、この本で語られるアイヌ文化は、ほとんどが明治時代以降の聞き取り調査にもとづき、おもに明治時代のころの人々の生活の様子を描いたものです。アイヌ文化の誕生からみると、600年以上もたっていることになります。その600年の間に、人々の生活のようすに変化はなかったのでしょうか。そうではありません。人々は、交易をめぐり、その相手である北海道南部に住む和人との間に、またアイヌの人々の間でも、幾度となく争いを繰り返してきました。最初は自由に交易できたものが、和人側はアイヌとの交易を独占し利益をあげるために、いろいろな手段を使い、またしだいに交易の方法を制限していきました。そのたびごとに、自由を失っていくことになったアイヌ側は、戦いを挑んだのです。そうした歴史の波のうねりのたびに、人々の生活も大きく変わっていったと考えられます。

えもの
を
とる

狩猟と漁撈と採集の生活
——どんなものをとっていたか——

　このことを考える前に、いつのことなのかをはっきりしておきましょう。狩猟や漁撈にかんすることは、ほとんどが、アイヌのおじいさんやおばあさんから聞いたお話をもとにしています。ですから、その人の経験と、その人の両親・祖父母くらいまでの話が中心となるでしょう。それは明治時代のころのことであるといってよいでしょう。それでは、それ以前も、ずっと同じような生活であったのかというと、そうであるとはいいきれないようです。たとえば、江戸時代の終わりごろの場所請負制のもとでは、本州からきた大商人のもとで、きびしい規則を受けながら、働き手として一年の大半をニシンやサケの漁に費やしていたといわれています。もっと以前はどうだったのでしょうか。そのころの人々の生活のようすはわからないことが多いのですが、人々がより自由に交易をおこなっていたころは、あるいは、山野をかけめぐり自然と共に生きた生活があったのかもしれません。人々の生活にも移り変わりがあったのです。

　さて、本題にはいりましょう。

　アイヌの人々といえば、よくサケ漁やクマ猟だけをおこなって生きてきたとおもわれがちですが、そうではありません。では、どこで、どのようなものをとって暮らしていたのでしょうか。ちょっとみなさんのまわりをみわたしてください。北海道を旅したことのある人ならそのときのことを考えてください。山があって、川があっ

●えものをとる●

て、海があって……。そうです、アイヌの人々は、そのような身のまわりの自然をうまく利用しながら、そこからいろいろなものを得ていたのです。

まず、山に目を向けてみましょう。といっても山の頂上ではなく、裾野の方です。裾野から平野（地）にかけては、シカをはじめとして、キツネ、カワウソ、テン、タヌキなどの毛皮獣がとれました。中腹から上の方では、クマです。もっとも、クマは、明治以降平地の森林がどんどん破壊されたため、山の上の方へと追いやられてしまったといわれていますから、昔は裾野の方でもとることができたでしょう。

また、山の裾野のあたりからコタン（集落）にかけては、コクワ、ヤマブドウ、ノイチゴ、シコロ、クルミ、ドングリなどの木の実や果実、ギョウジャニンニク、フクベラ、フキ、ゼンマイ、ワラビ、ウド、ウバユリ、エゾエンゴサク、カタクリ、ツチマメなど、茎、葉、根を食べる植物などを採取することができました。また、ワシやタカなどの鳥類もとれました。

コタンの近くでは、ヒエ、アワ、キビ、カブ、ソバ、ダイズ、アズキ、バレイショ、ダイコンなどの穀物や野菜類が栽培されました。

山で猟をする（＊）

手に貝をつけて穂を切る（『蝦夷生計図説』）　　貝の穂つみ具（『蝦夷生計図説』）

　つぎに、川に目を転じてみましょう。みなさんは、サケやマスが定期的に産卵のために川をのぼることは知っているとおもいます。このサケやマスが河川でのおもな漁撈の対象でした。ほかに、ウグイ、イトウ、アメマス、ヤマメ、イワナなどがとれました。

　海では、地域によりますが、メカジキ、クジラ、ウミガメ、オットセイ、アザラシ、トドなどをとることができました。また、コンブなどもとりました。

　こうしてみると、動物をとることと植物をとることに分けることができるとおもいます。北海道というと、クマやサケが有名で、そのためアイヌは狩猟民族とおもわれることがあるようです。木の実や果実、茎、根など、植物性の食料を多くとっていたことはあまり知られていないようですが、このことをみすごしてはいけません。植物の採取はおもに女や子供、老人の仕事とされていたようで、勇壮なクマ猟のようには目立ちません。しかし、日々の食料としてみた場合、植物の占める割合が大きかっただろうといわれています。植物は季節がくればほとんど確実に手にいれることができるという強みがあり、それを採集することによって食生活に安定をもたらし

たと考えられます。

ところで、食料の話題がでたついでに、みなさんは、狩猟や採集という言葉をきいて、どのようなことをおもいうかべますか。まったくの自然の中で、日々の食料や生活の材料を狩猟や採集で得る自給自足の生活をおもいうかべる人が多いのではないでしょうか。

それではアイヌの人々はどうだったのでしょうか。ここであげた動物や植物などをとって生活していたわけですが、そのすべてが食料あるいは自らが使う道具の材料として利用されたのではないことに注意すべきです。アイヌ文化の起源のところでみたように、獲物の一部は和人との交易のために利用されていたのです。このことはアイヌ文化の特質を考えるうえで重要です。クマ、キツネ、カワウソなどの皮、ワシの羽、オットセイなどはほとんどが交易品として、和人側にもたらされ、鉄の鍋や小刀、衣服、漆器、煙草や米などと交換されたのです。アイヌ文化の狩猟は、交易品を得るためのものでもあったことに注意しておいてください。

もうひとつ注意しておきたいことがあります。

いま、私たちは、とくに都会に住む人は、自分の手で食料を獲得する機会がほとんどないといってよいでしょう。スーパーにいけば、ほとんど加工、調理された状態で適当な量がビニール袋入りで売られています。ですから、動物をとったり、木の実や植物の根をとるというお話をすると、「残酷だなぁ」とおもったり、なんとなく「木の実なんて食べられるの？　自分たちとは違った人たち」とおもったりする人もいることとおもいます。

けれども、現代に生きるあなただって、牛や豚、鶏、タケノコやナッツ（木の実）をたべているのですよ！

現代は、牛や豚を育てる人、肉にする人、ハムやハンバーグにし

●えものをとる●

たり、袋詰めにする人、それを売る人と、仕事が分れているに過ぎないのです。

また、木の実や山菜をとるのは何もアイヌの人ばかりではありません。私たちのおじいさんやおばあさんの世代、あるいはそのおじいさんの世代の人たちのなかには、山野でドングリをひろったり山菜をとったりした経験のある人も多いはずです。何も不思議なことではないのです。

それよりも、かつてアイヌの人々が、獲物となってくれた動物に対してどのような気持ちで接していたのかということこそ大切なことだとおもいます。(「神に対する考え方」の項 p.138を参照)

みなさんはお魚やお肉、ニンジンやピーマンなどを食べ残してはいませんか？

「お金を払って買ったからいいんだ」って？

捨てられていくお肉やお野菜の「気持ち」を考えたことがありますか？

クマ猟にいどむ知恵

アイヌの人々にとって、クマは主要な食料ではなく、また毛皮も道具の材料として使うことは少なかったようです。しかし、信仰の対象として、また、毛皮や胆囊(たんのう)は交易品として、たいへん重要なものでした。

クマは北海道ではもっとも大きなけものです。力もあり、機嫌をそこねると襲いかかってきて、たいへん危険です。ですから、猟をするといっても、用意周到に作戦をたてておこなわれました。

　ところで、なぜクマ猟をするのかといえば、おもに毛皮や胆嚢をとるためであったと書きました。クマをはじめとするけものの毛皮は12月ごろ冬のためのふさふさした冬毛にかわり、冬を越して、冬ごもりからさめた5月ごろに、夏向きの薄いものになります。したがって、良質の毛皮を得るためには冬季に狩猟をしたほうがよいことになります。また、野山のようすも、夏から秋にかけては草木が生い茂りますから、見通しがききませんので、獲物の位置が確認できず危険でもあります。

　クマ猟は、おもに春先のまだ残雪があり、草木が茂っていない時期に、冬ごもり中のクマをねらっておこなわれます。まだ穴に入っているクマは体力も十分ではなく、また、猟の方法にしても穴の入り口を丸太で塞いでしまえば、比較的安全に猟をおこなうことができるからです。穴から出てしまったクマを追うにも、残雪に残る足跡で追跡が容易です。

また、この時期は餌になる食物も少なく限られているため、クマがどこに何を食べにいくか、予測がつくわけです。

　猟には数人の猟仲間で行き、獲物をさがすときに便利なよ

仕掛け弓の図（『蝦夷島奇観』）

うに、飼っている犬を連れていくことが多かったようです。

　クマ穴は先祖から教え継がれたものであったり、山歩きのとき発見したりするのですが、冬ごもりするクマが好む斜面というものがあって、慣れた人だと簡単にわかるといいます。

　クマ穴をみつけると、入り口を数本の丸太でふさぎます。クマは前脚を外に向かって払うことができませんから、丸太をはずすことができません。

　さあ、これで準備ができました。

　あとはトリカブトの毒をつけた矢を放つか、もしくは槍で突けばよいわけです。

　もっとも、明治になるとしだいに鉄砲が使われるようになりました。

仕掛け弓での狩猟を禁止した開拓使は、1876（明治9）年からアイヌの人に猟銃を貸し出したからです。

　クマはその場で解体して、コタンにはこびます。

　このとき、母グマといっしょにいた子グマは殺さずにコタンへつれてかえり、神として大切に育て、クマ送りの儀式の時に、神の国へ送りかえします。

　子グマを育てるということは、人々にとってたいへん名誉なことでした。また、肉や毛皮は、決まりにしたがって、コタンの全員に分配されました。

　草木が生い茂る春先や初秋の猟は仕掛け弓が使われます。これは仕掛けに触れると自動的に矢を射る仕掛けになったものです。動物が行き来するところはだいたい決まっていますから、そうした通路に仕掛け弓を仕掛けるのです。

　人々は、定期的に仕掛けた場所を見まわればよいのです。仕掛けた場所は、すぐにわかるようにまわりの木などに目印をつけておきます。そうしないと、あやまって人間がかかってしまい、危険だからです。

　仕掛け弓では、クマ以外にもシカやキツネなどがとれました。仕掛け弓により、人々は労力を節約でき、より多くの毛皮獣をとることができるようになったとおもわれます。アイヌ文化の狩猟を特徴づけるものとして、この仕掛け弓と毒物の使用を指摘する研究者がいますが、うなずけるところです。

シカ猟のくふうと技術

シカ（エゾシカ）は、いまでもときどきみかけることがありますが、かつての北海道にはかなりの数のシカがいたようです。アイヌの人々にとって、シカの肉は貴重な食料でしたし、また、毛皮は交易に使われたほか、冬の防寒用衣服やいろいろな道具の材料として利用されていました。角は土を掘る道具、骨は矢の先にというように、そのほかの部分もよく利用されました。かつての北海道の地名や河川名にはユヶオマナイ（鹿がいる沢）など、シカにちなんだものが多いといわれていますが、このことは、いかにアイヌの人々がシカと密接なかかわりを持っていたかということを物語っているといえるでしょう。（こうした、もともと北海道にあった由緒ある地名が、だんだん忘れられていき、町名変更という名のもとに、移住者側の都合で簡単に変えられて

狩猟の図（函館市中央図書館）

しまうのはいかがなものでしょうか)

さて、それではどうやってシカ猟をおこなったのでしょうか？

たしかに、シカは凶暴な動物ではないといいますが、動作は機敏で飛ぶように走ります。ですから、シカの行動を考えて、狩猟の方法を工夫する必要があります。明治になって鉄砲を使う以前は、弓で射ることが多かったようですが、弓や鉄砲を使うときは、風下からそっと忍び寄ります。においや音に気づかれないためです。またシカの鳴き声とそっくりの音がでる笛（イパッケニ：鹿笛）を使っておびき寄せることもおこなわれました。シカは群れをなし、餌をもとめて季節的に移動することがあります。この時期をねらって、

コラム
●
矢毒（スㇽク）をどうやってつくるか

　獲物を捕るための矢につけた毒は、おもにトリカブトという植物の根から作られています。この花はいけばなでも使われることがあるので、ごぞんじの方も多いと思います。花の色は紫できれいですが、アルカロイド系の猛毒を含んでいて、あの大きな熊でさえ簡単に倒してしまうほどです。

　トリカブトの根の採取はおもに秋におこなわれ、根を掘り炉棚や天井で乾燥させます。この時期に一年間使用する分が採取されるわけですが、採取の場所により毒性に強弱があるため、各人様々な方法によって毒の効力を調べました。たとえば、ある地方ではトリカブトの根の一部を葉の上に乗せ、それを舌に貼り、その刺激の強弱で毒性の効力を判断していました。

　使用する場合は、乾燥した根をくだき、水分を加え泥状にして矢に塗り込みました。また、このなかにほかの有毒な植物（たとえばイケマの根）やアカエイの毒針、くもなどをすりつぶしたものを混ぜ合わせることもありました。これらはトリカブトの毒性を強める効果があるといわれていて、その家々に代々秘伝として伝えられたということです。

●えものをとる●

イパッケニ（鹿笛）

ちょうどシカの集団が川を渡り、自由がきかないときをとらえることもありましたが、シカがいくら敏捷といっても雪に足をとられてはおもうように逃げることができません。そういった場所に追い込んで、そこで弓を射たり、棒で叩いたりしてとることもあったといいます。

コタンの人々が総出で猟をおこなうこともありました。シカは集団で行動することが多く、よく集まる場所や通り道は決まっています。そこで、周辺の地形をよく考えたうえで、女の人や子供たちは、家々で飼っている犬といっしょになってシカをだんだんと崖のふちに追い詰め、そこから下に追い落とします。下には力のある男たちが待ちかまえていて、棒で叩くなどしてつかまえるのです。

シカ猟に限らず、どのような猟の方法も、獲物となる動物の行動をよく知っていなければできるものではありません。さらに、獲物の行動に関する知識は、生きていくためには欠かすことのできない重要なものでもあるのです。そのため、人々は、子供のうちから猟に参加したり、大人たちからいろいろな猟の話を聞いたりしながら、知識を得ていくのです。

また、アイヌの子供たちの遊びに、猟のまねごとをとりいれたものもありますが、そうした遊びが子供たちにとっては猟の練習にもなったといえます。たとえば、ひとりの子供が、ヨシを束にしたものに紐をつけ、引きずって走ります。ほかの子供たちはヨシの束を獲物にみたて、それをめがけて木の棒を投げるのです。子供たちは、

一人前の大人になり、家族を養っていくには何が必要なのか、遊びのなかでそれを理解し、しっかり体得していったのでしょう。

前に書いたように動物の毛皮はふつう冬期のものがふさふさしてよいといわれています。シカも1～2月ごろのものがもっともよいとされたようで、そのころ猟をすることが多かったようです。

川をのぼるサケをとる

すくなくとも北海道に暮らした人々にとって、サケはいつの時代にも重要な食料のひとつであったようです。毎年、季節的に、しかもこれから冬にむけて食料を蓄えようとする秋に、故郷の川に戻ってくるサケ。おまけに大型の魚（しかも、味もおいしい）とくれば、人々にとってこれほどありがたいことはなかっただろうと想像できます。様々な時代の遺跡を発掘調査してもサケの骨がでてくることがありますが、それによっても人々とサケとが長いあいだ密接にかかわりあってきたことがわかります。もちろん、アイヌの人々にとってもサケは重要な食料でありました。「ありました」と書いたのは、明治になって、開拓使は、人々が食料とするためのサケをとるのを、全面的に禁止してしまったからなのです。

サケは、アイヌの人々にとって、冬を越すための大切な食料であったばかりではなく、信仰とも深くむすびついたものでした。ですからサケ漁も長いあいだ人々の生活に欠かせぬものとして、伝統

鮭漁の図（『蝦夷島奇観』）

として育まれてきたものだったのです。開拓使はそうした人々の都合も考えず、一方的にサケ漁を禁止したのです。サケをとったことが警察に見つかるとたいへんな目にあったといいます。たしかに開拓使はアイヌの人々に、農業などの新しい仕事をすすめました。しかし、人々の多くは、長年慣れ親しんだ生活の方法を簡単に変えることができなかったのです。ですから、人々はそう簡単に、サケ漁をやめるわけにはいきませんでした。それで、夜中にこっそりとったり、神に捧げるものだけをとったりしてくらしてきたのです。今ではアイヌ文化を守ろうとする人たちの努力が実り、やっとこの禁止がゆるめられ、北海道庁は儀式に使うわずかのサケに限りとることを許可しています。

　アイヌの人々のサケ漁にはそのような歴史がありますから、私た

●えものをとる●

ちが、おじいさんたちから聞くお話も、そうしたきびしい条件のもとでの漁であったことを頭にいれておく必要があります。

さて、川を上ってきたサケが卵を産むところは、川底が砂利で、そこにきれいな湧き水が滲み出ているところです。アイヌの人々がサケ漁をおこなったのも、このような産卵場所の近くが多かったようです。

サケをとる方法には、人が道具を使っておこなう方法と、川に仕掛けをつくってそれにかかるのを待つ方法とがあります。

道具でとる方法では、マレㇰを使うものが有名です。マレㇰは、図のように木の棒の先に鉄の鉤を逆さにつけたものです。この鉄の鉤ははずれるようになっているため、魚に刺さると同時にはずれ、こんどは魚をぶらさげることになりますから、魚があばれても抜け落ちないようになっています。突いてサケをとる道具としては、大正時代のころからヤス（簎）も使われはじめたようですが、神に捧げる特別なサケだけは、このマレㇰで突いたといわれます。このことから考えても、マレㇰは古くから大切に使い伝えられてきた道具ではないかと思われます。

なおマレㇰに似た道具は、樺太（サハリン）や黒龍江（アムール河）流域の人々の間でも使われていますが、小さい点ではちがいがあります。はたしてマレㇰは北海道で発明されたのでしょうか、それとも大陸の方から伝わったのでしょうか。まだ誰もが賛成する意見はありません。

また、2そうの丸木舟の間に、幅2.5mくらいの網をはって、そこにサケを追い込んでとる方法

マレㇰ（突き鉤）

も伝わっています。

　川に仕掛けをつくる方法として、川をせき止め、そこに魚が一度入るとでられなくなるしくみのカゴをつけて、そのなかにサケが入るのを待つものがあります。朝になって見ればよいのです。

　ところで、人々はサケをとるとき、息の根をとめるためにイサパキッニとよばれる棒で頭を叩きます。しかし、この棒は単に頭を叩くための道具ではありません。イナウ（木幣、神へのみやげもの）のひとつなのです。サケの頭をこの棒で叩くことにより、サケの魂は人々の感謝の気持ちを受け、みやげをもらって神の国へと帰るのです。

　また、人々にとって大切なサケが上る川ですから、そこで洗濯したり、おしっこをしたりすることはけっして許されませんでした。

コラム
●
イサパキッニ（サケの頭をたたく棒）

　アイヌの人々は川で捕れた鮭をイサパキッニあるいはイパキッニとよばれる"なづち棒"を用いて頭をたたき、とどめをさしました。この棒はミズキやヤナギで作られていて、イナウ（木幣）の一種と考えられています。サケはこの木幣をお土産として神の国へ持ち帰るといわれ、もし石や他の物でとどめをさすとサケの魂は泣きながら神の国へ帰り、もうその川へは上がらなくなると考えられていました。アイヌの人々に伝わっている物語のなかに、人々がこのイサパキッニを使わないために、魚をおろす神が怒ってサケをおろさなくなり、飢餓に襲われたという話もあります。

●えものをとる●

海獣猟のわざ
――キテのしくみ――

　江戸時代の終わりころ、和人の商人のもとで、海にでて大きな網を使いニシンやサケをとって働いていたアイヌの人々を別にすれば、アイヌの人々が海でおこなった漁撈の方法は、キテとよばれる銛を用いたものがほとんどであったようです。

　キテというのは、長さ10cmほどの三角形をした銛先のことで、このキテは長い柄の先にとりつけられます。キテは獲物の体内に射込まれると同時に、柄よりはずれます。キテには紐が付いていて、獲物が逃げる力でちょうど90度回転し、引っ掛かって抜けなくなるので、漁（猟）師はこの紐をつかんで、獲物が弱るのを待っていればよいのです。銛の頭がはずれて（離頭して）、そのあと獲物の体内で回転するわけですから、「回転（式）離頭銛」と呼ぶ研究者もいます。

　獲物はその地域に

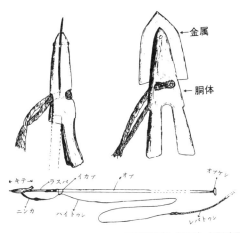

回転離頭銛（キテ）と関連具

●えものをとる●

オットセイ猟の図（『蝦夷島奇観』）

生息するものをとるわけですから、地域によってちがいがあったことはいうまでもありません。

　北海道南部の内浦湾は、波が静かで、海での活動が盛んであった地域のひとつです。ここでは、マグロ、メカジキ、マンボウ、オットセイ、イルカ、クジラなどがとられています。漁期はマグロ、メカジキ、マンボウ、イルカが6～11月にかけて、オットセイは1月からでした。

　オットセイは北洋を回遊する海獣で、北海道や東北地方にも姿をみせます。とくに内浦湾地方のアイヌの人にとって、オットセイはいわば「特産品」で、その毛皮などは和人たちとの交易で尊重されたのです。

　猟にでる前には豊漁と猟の安全を祈り、猟の最中にもいろいろなきまりがありました。もっとも、オットセイ猟がさかんにおこなわれたのは内浦湾地方で、ほかではほとんどおこなわれなかったといいます。したがって、ほかの地方では、オットセイに関する儀式や言い伝えは残っていないようです。

　クジラは、それを目的として猟にでることはまれで、ほかのもの

をとっているとき、偶然出会ったところをとったといいます。

アイヌの人々は農作物を作っていたのか

　むかしはせまい範囲で、簡単に、いくつかの作物を作っていたことが知られています。

　江戸時代になると、幕府の役人やキリスト教の宣教師らが蝦夷地を訪れています。そうした人々の記録に「水田はないが、畑があって、そこでヒエ、アワなどの穀物が作られている」と記されているのです。また、明治時代のはじめのころの記録には、ヒエ、アワ、キビ、ソバ、ダイズ、ダイコン、バレイショ、キュウリ、カボチャ、アタネ（センダイカブの一種）、ところによってはタバコなどが栽培されていたことが記されています。

　最近の考古学の研究によれば、これらの作物がすべて、大昔からずっと栽培されつづけてきたわけではないようです。江戸時代になって和人から作り方をならったものもあるでしょうし、縄文時代から作られてきたものもあるでしょう。

　さて、こうした作物を作るには、まず、草木がすくなく、土が柔らかな川沿いの土地が選ばれました。そして、狭い範囲を鎌、シカの角あるいは木の柄でできた道具で簡単に耕しておいて、種をまいたようです。肥料は使いません。また、種をまいたあとも、雑草取りなど畑の管理はほとんどおこなわれませんでした。また、ヒエ、

●えものをとる●

農耕のようす（＊）

アワなどの刈り取りは、カワシンジュ貝の穂つみ具で、穂先だけを摘み取り、収穫しました。

畑の仕事はすべて、女や老人の仕事とされていました。収穫量も多くはなかったようで、したがって、人々が生きていくための食料の多くを占めるものとはいえなかったようです。

それでは、農耕はアイヌの人々のあいだで、どのような意味があったのでしょうか。一般に、今日の私たちのように、畑や田んぼからとれる作物で生活している人たちは、作物がとれないとたいへんなことになりますから、ことしも、いつもと同じだけちゃんととれるように（よりたくさん収穫があるように）いろいろなお祭り（神さまに祈ることです）をおこない、きちんと収穫があると、お礼のお祭り（収穫祭）をおこないます（正月の行事や田植えの祭り、秋祭りは、そうしたことを皆でお祈りしたり、感謝したりするため

のものでした)。もちろん、田や畑の手入れも入念におこないます。

　アイヌの人々の場合は、漁撈や狩猟にでかけるときは、ていねいにお祈りをおこない、豊猟(漁)と猟(漁)の安全を祈り、また獲物の魂には感謝の気持ちをのべて、神の国に送りかえすことをおこないますが、畑を作るときにはそうした儀礼はほとんどおこなわなかったようです。

　このことから判断すれば、アイヌの人たち、すくなくとも江戸時代から明治時代にかけてアイヌの人たちの間に、それほど農耕がはいりこんで、生活に密着したものとなっていたことは、考えられないようです。

　話はかわりますが、よく北海道で農耕がはじまったのはいつごろですか、どこから伝わったのですかという質問を受けます。縄文時代の遺跡から、栽培でしか作ることができない作物が発見されていますが、いつごろから始まったのか、どこから伝わったのかということは、よくわかっていません。いつから始まったか、どこから伝わったかということももちろん重要な問題です。しかし、人々が生きていくという視点にたてば、どの食べものがいちばん重要であったのか(どの食べものをいちばんよく食べていたのか)ということに、たえず注意を払っておく必要があるといえます。詳しくいえば、アワ、ヒエなどの農作物と、サケやシカ、山菜やドングリなど採取植物とくらべて、生きるためには何が大切な食べもので、どっちを多く食べていたのか。あるいは、はたして農耕がどれだけ人々の生活に身近なものとなっていたのかということも考えておくべきだろうとおもいます。

よそおう

●よそおう●

材料別にみる衣服の種類

　アイヌの人びとが衣服としてまとっていた物を材料別に分類してみると次のようになります。

(1) 動物を使った衣服
　イ　陸上の動物…………獣皮衣
　ロ　海中の動物…………獣皮衣
　ハ　河川や海の魚類……魚皮衣
　ニ　鳥類…………………鳥羽衣

(2) 植物を使った衣服
　イ　樹木の繊維…………樹皮衣
　ロ　草の繊維……………草皮衣

　(1)と(2)の衣服はアイヌの人びとが自然にある動物や植物を原料にして作ったものです。

(3) 外来の衣服
　イ　本州や中国大陸から渡ってきた木綿の古裂(ふるぎれ)をはぎ合わせて、切伏(きりぶせ)や刺繡をした衣服…………木綿衣
　ロ　すでに本州や中国大陸で衣服として着ていたものをそのまま

●よそおう●

　　着用したもの……………外来衣

　このような分け方は、江戸時代の終わりの『蝦夷産業図説（蝦夷生計図説）』に書かれたものを基礎にしています。

　アイヌ民族の古い生活記録は、和人や外国人などといった外側の人によって書かれたもので、アイヌ民族自身の手による記録がありません。自分たちの衣服についても、その形や材料、縫い方、文様など、みな先祖から伝えられたことを守って作られているのです。外側の人が書いていると記しましたが、書いた人の多くは、外国人の宣教師、探検家、航海士などです。

　彼らは、本国への報告としてアイヌの人びとのことを書いています。その記録のなかには、アイヌの人びとが獣皮を着ていたということと、麻の粗衣を着ているという記述があります。獣皮の種類までは書いてありませんが、麻の粗衣というのはおそらく樹皮衣だと想定されます。このような衣服の記録が最も古いものとおもわれます。今から400年ほど前のことです。

　その後、本州から蝦夷地に来た人びとが、衣服や樹皮衣の機織のことなどを書いています。

　江戸時代中頃になり、本州との交易や労働の報酬として木綿の古裂が多く入手されるようになると、それを用いてアイヌの人びとは衣服を作りました。そして、この木綿の衣服が独特のアイヌ衣服となり、これに切伏文様をし、刺繍文様を施し、現在でも儀式や祭りに使うような晴着ができたのです。現在残っている衣服は、そのほとんどが晴着で、日常着や労働着はいつのまにか生活のまわりから消えてなくなってしまいました。昔の絵巻物や写真には、晴着を着て働いているものが多いので、アイヌの人びとはいつもあのような

刺繡のあるあでやかなものを着ていると勘違いをされたこともありますが、本来晴着は大切に扱われるものでした。

ところで、古い絵や写真ではアイヌの人びとの衣服の合わせかたが左衽(おくみ)になっているものが多くみられます。本州でも古い時代には左衽がかなりあったのですが、奈良時代の養老年間に禁止され、今のような合わせ方になりました。しかし、アイヌの人びとは明治、大正の頃でも左衽で着ていることがありました。

前の分類で外来衣のなかに既製のものが入っていると記しましたが、その中には山丹(さんたん)地方（中国北東部）からもたらされた山丹服といわれている中国の官服がみられます。また、本州からは小袖や能衣裳、陣羽織などが入ってきており、アイヌの人びとの間ではコタン（集落）の長になる人たちがこれらの衣服を木綿衣や樹皮衣の上に羽織っていました。

獣皮衣

獣皮衣（陸上のもの）

クマ、シカ、タヌキ、キツネ、ウサギ、イヌなどの毛皮を用いて作られました。

古いものの形はわかりませんが、想像してみるに、ただ獣皮を身体に巻きつけたのがはじまりだとおもいます。だんだん形がついて

きて体に合うように縫って着たのでしょう。古い絵などにある獣皮衣には、女の人が袖のないワンピース風の衣服を着たものがあります。獣皮は、防寒のためにアットゥシに縫いつけたり、背中に背負ったりして使っています。そのほか、冬の山歩きや遠出にも必需品だったのでしょう。獣皮の使い方として柔らかい毛は身体につくように使い、堅い毛は表側に使ったといいます。また、皮から毛をすっかり取ってしまって使ったり、衣服のほかに敷物などにも使いました。狩りをして動物をとり、肉は食用として食べ、皮を衣服として利用したのでしょう。

獣皮衣（海のもの）

アザラシ、ラッコ、オットセイ、トドなどの海の動物の毛皮は主として樺太アイヌが使っていました。冬に着用するオーバーコート、

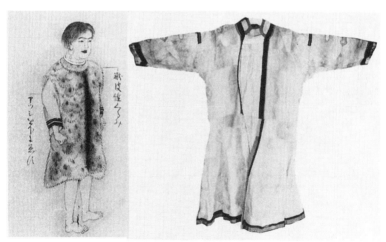

獣皮衣（『蝦夷譚』）　　魚皮衣（サハリン州立博物館）

犬ぞり用の服装などのほか、手袋や帽子にも使っていました。

魚皮衣（川や海の魚）

　川や海の魚類で作られる魚皮衣も樺太アイヌが着ていたもので、裾が広く、袖も洋服に近い形をしていて、主に女の人が着ていました。

　サケ、カラフトマス、イトウなどの皮を数十枚はぎ合せて作ります。背ビレの部分は切りとって、その上に文様を切り抜いた別の皮をつけています。

鳥羽衣

　鳥の羽毛がついたままのものを数十枚剥ぎ合わせて作られる上衣。

　主に千島アイヌが着ていたもので、コート状のものやフード付きのパーカーのようなものなど形はさまざまですが防寒、防水、防風効果のある衣服。鳥羽衣に使われる鳥は海鳥が主で、カモやウ、エトピリカなどわりあい小さい鳥もいますが、アホウドリのような大きな鳥も使っていたようです。

　鳥羽衣はほとんど残されていませんが、北海道大学植物園や国立民族学博物館では複製したものを見ることができます。

●よそおう●

アットゥシ（樹皮衣）を織る

皮はぎから糸にするまで

　木の外皮と木質部との間にある繊維質の内皮を温泉や沼に漬けて柔らかくしたものを、流れる水でよく洗い、ヌメリを取りながら薄く数枚に分け、乾燥させます。それを細く指でさき、結んで撚りをかけ糸にしたものを、アットゥシ織機で織り、反物にします。その布で作った衣服を、アットゥシといいます。アットゥシは、和名で書くとき、樹皮衣、または木皮衣などと書き表されます。ここでは樹皮衣という語を使いました。

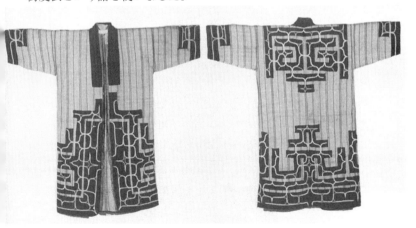

前　面　　　　アットゥシ（樹皮衣）　　　　背　面

●よそおう●

A、木の皮を剝ぐ　B、温泉に皮を漬ける　C、糸を造る　D、布を織る（A・D『蝦夷島奇観』B・C『蝦夷生計図説』）

　樹皮衣の材料にする木は、オヒョウが一番よく、このほかにシナノキやハルニレなども使いました。木の皮のはがし方や、繊維にする方法などに違いがありますが、ここではオヒョウを例にとって説明しましょう。オヒョウの木は、北海道・東北地方北部の山に自生している木ですが、木の生えている場所によって成長の度合いが異なります。木はあまり小さくなく、年寄の木でもない木がよい布になるようです。アイヌの人びとは長年の経験でそれがわかっているので、探しあてた木の皮を少し取って口の中で嚙んでみて、はぎ頃

であるかどうかを試します。

　オヒョウの内皮を採取するのは、春先がよいといわれています。山には雪が残っていて、歩きやすい頃に男も女も連れだって山に入ります。木の皮は立木のまま下からはぎ上げるのです。幹の皮を下からはぎ上げると、小枝の先まできれいに取れます。はぎ取ったら、その場で外皮を取り除いてしまい、内皮だけを背負って温泉まで持っていきます。昔の記録には遠方でも温泉まで持っていって漬けた、と書いてあります。どうしても温泉のない所では沼に漬けたようです。温泉と沼では、漬けておく期間に違いがあります。外気や温泉や沼の温度によっても変わってくるでしょう。

　こうして柔らかい繊維になったら流水でよくヌメリをおとしながら、数枚にはがします。それを天日に干してから、糸に紡ぐのですが、オヒョウの繊維は長くとれますので紡錘車のようなものは必要ありません。昔から手を使って軽く撚りをかけながら機結びにして、糸玉を作ります。

アットゥシ織機と織り方

　アットゥシはアイヌの人びとが古くから伝統を守っている織物で、織機も織り方も江戸時代の記録のものとまったく変わりがありません。しかも織機は本州の原始機によく似た構造をしています。よく居座機（いざりばた）と混同されますが、それよりもっと古い型のものです。現在よく見られる織具は、みな筬（おさ）が一番織手に近い所にあって、経糸（たて）の中に入った緯糸（よこ）を締める役目をしていますが、アットゥシ織機では、糸を締めるアットゥシペラ（ヘラ）で、筬は織手から一番遠い所にあり、経糸を平列させるだけのものなのです。

アットゥシ織機は、古い絵巻物などでもわかるように戸外機で、糸をかけるときは必要な分をまっすぐに全部の長さをのばします。

草皮衣を作る

草皮衣は名前の通り草の繊維でできた衣服です。蕁麻（イラクサ）という草が使われています。

主として樺太アイヌの人びとが着ていた衣服に多いのですが、昔の記録には北海道でも着ていたと書いてあります。草皮衣は樹皮衣より柔らかく、白っぽいものに仕上ります。

知里真志保は、イラクサを糸にするまでの工程について北海道幌別と樺太の二カ所で聞き取りされた事例を『分類アイヌ語辞典〈植物篇〉』という本に書いています。

ここではその方法を紹介します。

イラクサを採取するのは両地方とも秋に茎が枯れてからです。秋の枯れ時にするのは、イラクサには、触れるとかゆくなるトゲがあり、霜がおりてトゲが邪魔にならなくなってからのほうが仕事がしやすいからでしょう。

とにかく、その頃に採取するのが一番繊維にしやすいのです。幌別の場合、採取したものを２、３日干して茎を細く裂き、なかの余分な物を除いて皮だけにして少しずつ束ね、根元を足で踏んで、両手でもみ上げ、次に逆にしてもんで外皮を取り除き、繊維質だけを

残して糸にします。樺太では、カワシンジュ貝を用いてイラクサの荒皮をはがします。その際、水に漬けたイラクサを板の上にのせ、貝殻でこすりつけるようにしながら外皮（荒皮）をはがしていく方法をとっていました。そして、これを乾燥させ、冬まで貯えておき、真冬になってか

草皮衣（樺太地方）

らぬるま湯につけて、柔らかくしては雪の上に取り出し、足で踏みつけ、また水に入れては雪の上に出して踏むという動作を5、6回くりかえし、竿にかけて寒風にさらすと真白い繊維になります。それを細くほぐして糸に撚って織機にかけ、反物にしたり、縫糸にもします。織機はアットゥシを織る道具と変わりがありません。

　草皮衣は樺太でテタラぺまたはレタラぺといっています。これは「白いもの」という意味になります。

　草皮衣は、衣服の形に中国大陸の影響がみられ、衿形に中国風の立衿のものがあったり、刺繍文様にはウィルタ、ニブフなど樺太アイヌの近隣の民族の持つ文様の影響があることを認めることができます。

　イラクサの繊維と木綿糸を経糸にして幅を広く織った衣服が樺太に多くみられます。

　これはカーアハルシといわれていたそうで、イラクサだけの織物と区別をしていたことがわかります。

●よそおう●

木綿衣のいろいろ

　これまでの動物衣や植物衣は、アイヌ民族に古くからあった衣服ですが、木綿衣は、本州との交易や漁場などで働いて手に入れた木綿の古裂で作った衣服です。少ない布をはぎ合わせて衣服にあつらえていました。木綿衣と一口にいいますが、文様には4種類のパターンがあり、それぞれにアイヌ民族のすばらしい文様がつけられています。作られた地方によって少しずつ変化がありますが、ここでは下記のような分け方をしています。

チカルカルペ

　この衣服は写真のように、木綿の生地に黒か紺の木綿のまっすぐに切った布を張り付けて、その上に木綿糸で刺繡をしてあります。このまっすぐに切った布を張り付けた文様を切伏文様といいます。チカルカルペには地方別に三つの異なった形や布の使い方があります。

①縞木綿の厚い物に切伏を衣服全体につけたもの。
②花柄の真岡(もうか)木綿に切伏を背面上部と背面下部に分けてつけているもの。
③本州の男物の衣服（袿や和風の衿のあるもの）に、わりあい細い切伏をしてあるもの。

●よそおう●

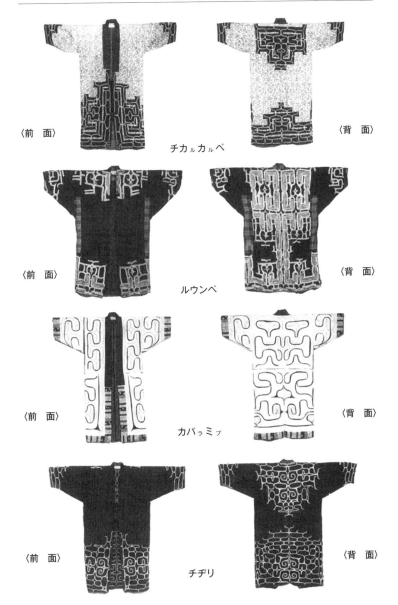

〈前　面〉　　　　　　　　　　　　　　　　　　　　　　　〈背　面〉
　　　　　　　　　チカ_ルカ_ルペ

〈前　面〉　　　　　　　　　　　　　　　　　　　　　　　〈背　面〉
　　　　　　　　　ルウンペ

〈前　面〉　　　　　　　　　　　　　　　　　　　　　　　〈背　面〉
　　　　　　　　　カパ_ラミ_プ

〈前　面〉　　　　　　　　　　　　　　　　　　　　　　　〈背　面〉
　　　　　　　　　チヂリ

こうした着物の切伏の上にする刺繡の糸も、黒か紺の一本刺繡があったり、赤を中心に両側に白いチェーンステッチをしてある三本刺繡のものもあります。チカルカルペは、アットゥシの切伏文様にたいへんよく似ているので、木綿の布が手に入るようになってアットゥシに似せて作ったのかもしれません。

ルウンペ

　北海道の太平洋沿岸の噴火湾から、湾を出て室蘭、幌別、白老にこの衣服が残っています。ルウンペは、木綿の古裂をつなぎ合わせて、その上に、絹、サラサ、メリンス、絹のなかでも小袖の日本刺繡のある物、木綿などの色物の古裂を細く切り、これを切伏している、極めて手のこんだ衣服です。ルウンペも地方によってかなり文様が異なります。

　ルウンペの古いものでは江戸時代の中頃のものもあり、縫っている糸や刺繡をしている糸にイラクサを使っているものがかなりあります。

カパラミプ

　アイヌ衣服のなかでは比較的新しい文様の木綿衣で主に日高地方で着られています。衣服の生地も、時によっては、新しい布団柄のものを使って作られたものもあります。文様は白生地の木綿（大幅のもの）を切り抜いて衣服につけてあります。現在残っているアイヌ衣服の中で一番多いとおもいます。

チヂリ

この木綿衣は、前述までのものと違って、切伏文様のない、衣服に直接刺繡をしたものです。地方により、いくつかのパターンがあります。

以上4つの文様を簡単に解説しましたが、北海道全域にあった衣服はアットゥシやチカルカルペ、チヂリなどで、ルウンペは太平洋、カパラミゥも襟裳岬あたりまでの太平洋岸ですがルウンペの残っている地方とはちょっと離れています。

衣服の文様
——刺繡文様や切伏文様——

衣服や服飾品に施されるアイヌ文様は、美的感覚からつけているだけではありません。

とくに女性たちは祖母から母親へ、さらに娘へと母方の系譜にしたがって文様が伝え続けられています。女性たちは幼い頃から、地面や砂地に教えられた文様を描いて自分のものにします。横道にそれますが、男性にも代々男親が伝える文様があります。男性の場合は小刀を使った彫刻文様があるわけです。男の文様が木と小刀で作られるものならば、女の文様は布の糸と針で作りだされる刺繡文様や切伏文様です。

●よそおう●

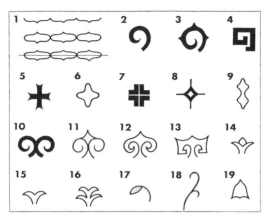

衣服のさまざまな文様
(『アイヌ民族誌』)

1 アィウㇱ文
2～4 モレウ文
5～7 ウタサ文
8・9 シㇰ文
10～13 モレウ文
14～19 その他の服飾文様

コラム
●
針と縫い糸

　縫い物や刺繍をする針について、中国大陸や本州との交易でアイヌの人びとに入ってきた針は、なぜかわかりませんが、たいへん太い長い布団の綴じ針のようなものでした。しかもその針は貴重品で数が少なく、女性たちは大事に扱って、下着の胸元に針入れを下げ、その中に入れていました。針が太くて長いということは、普通の運針には向きません。アイヌ衣服の仕立て方には、縫い合わせをするところは全部、縁と縁を中表に合わせてのかがり縫いで、一針ずつ布を巻くようにしてあるのです。

　糸は、草皮(イラクサ)の糸が古い時代に使われていますし、木綿糸の太いものも多くみられます。

針入れ

右　糸巻き
(針入れ付)

●よそおう●

〈前　面〉　　　　　　　　　　　　　　　　　　　　〈背　面〉

白老地方のルウンペ
背と裾にモレウの切抜文様。切伏文様のなかにアィゥシ文様がみられる。

　切伏文様とは、衣服の上に別の布（黒や紺の木綿布）を置いて文様を構成するものです。
　切抜文様は、大きい白布を4つとか8つに折り文様を切り抜く方法で、左右対称の文様などができます。
　刺繍文様は、衣服の場合、切伏文様や切抜文様の上に施されています。
　これらの文様は、地方別に変化がみられます。
　次に文様として一番有名なのは、モレウ文とアィゥシ文という二つの文様です。
　これらを含めて、衣服や服飾品のなかから拾い集めた文様を図によって表しましたので、参考にして下さい。また、刺繍の技法も、フランス刺繍で表現しますと、コードステッチやチェーンステッチが最も多く使われています。

●よそおう●

盛装のとき身につけるもの

男性

アイヌ民族のなかにはクマ送りや祖先を供養する儀式など様々な祭りや儀式があり、その時には晴着を着て身を整えます。帯はアットゥシの織帯をします。

盛装した男性と女性

男性は、頭にサパウンペをかぶります。これはぶどう蔓や木の皮で作り、けずり掛けをつけ、先の方にはクマの頭の彫刻をつけたものもあります。

晴着の上には陣羽織を羽織ります。昔はこのほかに時と場合によって、山丹服や小袖を着ていたようです。

刀は刀掛帯（エムシアッ）に通して、右肩から左腰に刀がくるように掛けます。アイ

●よそおう●

ヌの人びとは刀を武器として使ったのではなく、主に儀式用に用いました。

晴着であっても、衣服の丈は膝下10cmぐらいのものですから、足には脚絆をつけていました。正装用の脚絆は布で作り、刺繍を施してあります。

履物はぶどう蔓のわらじのようなものもはきますが、はだしということもあります。

女性

女性が盛装するときに身をつけるものには、次にあげるものがあります。まず晴着を着て頭には鉢巻（これは地方によりいろいろな

コラム
●
衣服は男女によって違うか

アイヌの衣服の特徴として、男も女も同じ形の衣服を着ていることがまずあげられます。和服の場合は着た姿が男も女も同じであっても、細かい部分に数多くの違いがあります。たとえば、男物は着る人の丈に合わせて縫い、女物は、丈を長く作り着る時におはしょりをしています。袖の形も男物、女物ではいろいろと違うところがあります。

しかし、アイヌ衣服の場合は、裁ち方も縫い方も、すべて同じようにしているところに特徴があるのです。ですから、男女どちらが着ても不自然ではありませんが、昔から女性たちは、皆、主人の晴着に立派な文様を施し、晴れの場所に出したといいます。男の衣服は華やかに、女の衣服はひかえ目に文様も少なくしました。アットゥシの衣服で切伏や刺繍をしてあるのは男物で、袖口や裾を紺木綿で覆輪をしただけの衣服は女の人のものだという地方もあります。

ものがあります）をし、耳輪をつけます、耳輪は男性もつけ、それを通す穴は、子供のときに耳たぶに開けてそれがふさがらないように赤い布を通しておきました。首には、チョーカーのような飾帯をします。それから玉飾りを首からかけます。晴着は、モウㇽの上にただ羽織る形と刺繍のついた前掛けをする方法もあります。

下着
——モウㇽなど——

男性

　古い文献には、木の皮で織ったものを下帯にするとありますが、本州から木綿地が入ることによって、下帯は木綿になったとおもわれます。上半身には昔は何も着ないでアットゥㇱなどを直接素肌に着たらしいのですが、明治〜大正時代にはすでにシャツが着られていました。シャツは軍隊で着ていた木綿の白いつめ襟のものであったり、メリヤスで作った胸の部分に三つぐらい貝のボタンの小さいのがついているもので、その上にアイヌ衣服を着ていました。

女性

　下着には何を着たかとよく聞かれますが、女性の日常着でもあり、また下着でもあるモウㇽという下着は、肌を見せないようにするア

●よそおう●

イヌの女性のためのワンピース状のもので、頭からスッポリかぶって着ます。スカートの部分も輪になっています。胸元には胸紐がついていてそれには昔は針入れを下げていました。

室内では、モウﾙ一枚でも生活していましたが、人が来たときや外出のときには、必ずその上に衣服を羽織りました。

女性用下着（モウﾙ）

モウﾙの材料として、古くは鹿の皮などが用いられたといわれて

コラム
●
衣服と季節観

アイヌの衣服は形が和服に似ているところから、和服のように季節によって違う物を着ますか？という質問をよくされます。

アイヌ衣服には春夏秋冬の変化がありません。夏は単衣、冬は袷というのではないのです。

昔からアイヌ民族は寒さには強かったといわれていますが、アットゥシ1枚でも冬が過ごせたようで、寒ければ獣皮を着たり、アットゥシに綴じつけたり、背中だけに背負っている古い絵もあります。

木綿衣が多く作られる頃には本州から下着になるものも入ってきていると思います。

北海道アイヌも冬の外出や山歩きには、それなりの装いをしました。前にも書きましたが、樺太アイヌが越年時に着るもの（冬、犬ぞりに乗って遠出するとき）には、一通り決まった防寒具があります。帽子、手袋、上着、腰回りにつけるもの、ズボンなど、ほとんどが獣皮で作られているものです。

いますが、本州との交易が盛んになると、交易で手に入れた肌じゅばんや半じゅばんが用いられ、それに腰巻きや裾よけをくっつけて輪にしたものが着られていました。そのほかにも浴衣地で作ったものがあります。モウㇽはおおよそこのようなものですが、ものによっては胸元から裾に向かって裾のところで5～6cmの長い三角形の布を入れ、裾の部分に赤い布をつけているものもあります。

労働のときの衣服

アイヌの人びとが生活していたコタンのまわりには、春から秋にかけて、山や野に食料となるものがいっぱいありました。山菜などをとりに行くとき、また、和人が北海道に入ってきてからおこなうようになった農作業（つまり種を植えて収穫すること）のときに着

手甲　　　　　　　脚絆　　　　　　　前掛け

る労働着は、晴着とは異なります。これは、本州の野良着と同じような感じで上下に分かれており、上は短く袖口のつまったもの、下はモンペという姿です。色は紺系統のものが多いようです。頭は日本手拭や、それぐらいの長さの布でしばります。手甲、脚絆は刺繍などのないもの、実用的なものを用い、足ははだしでした。

　男性が舟に乗り沖で魚などをとるときには、古文献によると、六尺褌だけの裸だったようです。

　古い絵や写真に晴着姿で畑を起こしたり、舟で漁をしている図がありますが、晴着でも古くなったものは、普段着におろして着用していたのかもしれませんが、労働着にまではしなかったようです。

コラム
●
産着と幼児服

　生まれたばかりの赤ちゃんには、特に産着というようなものはなく、ありあわせの柔らかい布にくるんだと聞いています。また、赤ちゃんが長命であるように、お年寄りの使っていた下着（モウル）にくるんだともいわれています。

　おむつには、ミズゴケ類を使ったとある文献に書いてあります。ウサギの毛皮なども体につけたりしていますが、2～3歳頃からは裸で走りまわっていたようです。

　子供の頃の衣服として、子供用のアットゥシが今でも残っていますが、それは母親が着古した柔らかくなった衣服に肩揚げや腰揚げをして、袖をつめて小さくしたものです。衣服には特に文様はついていません。また、寒い時に外遊びをする子供がかぶる頭巾があります。防災頭巾に似たもので頭頂部に三角形のフサをつけて、その中に魔除けになるウサギの耳や毛を入れています。

　最近は子供用の刺繍衣を作って祭りなどに着せています。

たべる

●たべる●

どんなものを食料としていたか

　狩猟、採集を中心とした暮らしを営んでいたアイヌの人々は、その生活の大部分を自然に頼っていました。人が生きていくために最も重要な"食べ物"についても、この自然の恵み、つまり自然界の動植物に依存していたことはいうまでもありません。そして、春夏秋冬という大きな自然のサイクルのなかで、何が食料となり、それがいつ、どこで得ることができるのかという知識は、人々の長い歴史のなかで獲得され、伝えられてきたのです。

　それでは、アイヌの人々が自然の恵みのなかで、どのような動植物を食料として得ていたのか、手段別に大きく狩猟、漁撈、山菜採取、農耕と分けてそれぞれについておもなものを紹介しましょう。ただし、ここで紹介した動植物は、すべての地方で利用されていたわけではありません。地域によっては生息していなかったり、食用にされていない場合がありますので、より詳しい内容については、後述の参考文献などを参照してください。

狩猟

　狩猟はおもに秋から初夏にかけておこなわれていました。この時期に狩猟の対象となるおもな獲物はエゾシカ、エゾヒグマ、エゾユキウサギ、エゾタヌキ、キタキツネ、エゾクロテンなどの獣類やエ

●たべる●

鰊漁（ヘロキコイキ）の図（『蝦夷島奇観』）

ゾライチョウ、キジバト、ガン・カモ類、ミヤマカケス、スズメなどの鳥類があげられます。このなかでもとくにエゾシカは、アイヌの人々にとって依存度が最も高い食料資源でした。

漁撈

漁撈はおおきく海漁・川漁・海浜採取の３つに分けることができます。

海漁で捕獲されたのはクジラ、イルカ、トド、アザラシ、オットセイなどの海獣類やウミガメ、それにメカジキ、マンボウ、サメなどの大型魚類、ニシン、カレイ、イワシ、タラ、カジカ、コマイ、チカなどの小型魚類でした。

川漁ではサケ、サクラマス、カラフトマス、アメマス、イトウ、

シシャモ、チョウザメ、ウグイ、ハナカジカなどの魚類が捕獲されていました。

海浜採取ではホタテ、アサリ、ホッキ、コンブ、ワカメなどの浜辺にうちあげられた魚貝類や海藻類が採取されていました。

山菜採取

山菜採取は春から秋にかけて、おもに女性や子供たちによっておこなわれていました。

アイヌの人々はこの食用となる植物を数百種も知っていたといわれ、その利用する部分も芽、茎、葉、根茎、果実などとさまざまで、食用のほかに薬用としても利用していました。

これらの植物を季節ごとに見てみると、春から初夏にかけては、ギョウジャニンニク、ニリンソウ、ノビル、タチギボウシ、ヒメザゼンソウ、フキノトウ、フキ、エゾノリュウキンカ、ヨモギ、アザミ、ウド、ハナウド、アマニュウ、エゾニュウ、ゼンマイ、クサソテツなどの葉茎、ツリガネニンジン、ツルニンジン、カタクリ、ユキザサ、コケイラン、エゾエンゴサク、クロユリ、オオウバユリなどの根茎や鱗茎、それにタラノキの若芽やヤブマメの実などが利用されていました。

さらに夏から秋にかけては、ハマナス、クロミノウグイスカグラ、イチゴ類、クワ、コクワ、ヤマブドウ、マタタビ、クリ、クルミ、ドングリ、キハダ、ヒシ、イチイなどの果実やエゾテンナンショウ、ガガイモなどの根茎、それにタモギタケ、シイタケ、マイタケなどのキノコ類も採取されました。

●たべる●

農耕

　農耕は明治に入ってから本格的におこなわれるようになりましたが、それ以前は家の近くに焼畑を創る程度のものでした。栽培植物は、ヒエ、アワ、イナキビ、インゲン、ソバなどでしたが、時代が新しくなるとジャガイモやトウモロコシ、カブ、菜豆類なども多く栽培されるようになりました。

食卓のおもなメニュー

　今、皆さんが毎日の食事でどんなものを食べているか、ちょっと思いおこしてみて下さい。お米やパンを中心に肉、野菜、卵、魚などさまざまな材料が、日本風、西洋風、中華風などいろいろな調理法で料理され、食卓を賑わしていることでしょう。現代の料理はこのようにメニューも豊富で、その味付けも多種多様です。

　かつてのアイヌの人々の料理は、今ほどバラエティーに富んだものではありませんが、自然の恵みから得られた材料を煮たり、焼いたりして自然の素材が本来持っている味をそのまま利用した料理を作っていました。

　それでは、アイヌの人々が毎日の食事の時に、どのような料理を食べていたのかを紹介しましょう。

　日常の食事で最も一般的な料理にオハウというものがあります。

●たべる●

魚と山菜の入った鍋物

これはギョウジャニンニク、ニリンソウなどの山菜やイモ、ダイコンなどの野菜、それに鳥獣の肉や魚肉を鍋で煮て塩や獣・魚油を入れて味付けした一種の鍋物です。この鍋物にはクマ肉を材料としたカムイオハウ、シカ肉を材料としたユㇰオハウ、それに魚を材料としたチェㇷ゚オハウなど、使用する素材によっていくつかの種類がありました。しかし、作り方には大きな違いはなく、また薄い塩味であるため、それぞれの材料が本来持っている味そのものを生かした料理となっていました。

このほかオハウといっしょによくサヨという一種のおかゆが作られました。これはヒエ、アワ、イナキビなどの穀物にギョウジャニンニクやヒシの実などの山菜、それに保存食として貯えてある乾燥したオオウバユリのデンプンなどを入れて鍋で煮たて、水分の多いかゆ状にしたものです。これは、おもに油分の多いオハウを食べた後の口なおしとして食べられていたようです。

また、ラタㇱケㇷ゚という煮物もよく作られていました。これはヤブマメ、豆類、ジャガイモ、トウモロコシ、カボチャなどを煮つけたもので、塩、獣・魚油で味付けしたり、薬味としてキハダの実を使ったりしていました。このラタㇱケㇷ゚は、日常一般の食べ物としてのほかに、儀式などの特別な行事にもよく作られる料理でした。

このような煮物料理のほかに、シカやクマなどの獣肉やサケ・マ

スなどの魚肉を焼串に刺してそのまま焼いて食べるということもよくおこなわれたようです。

このほか、山菜のおひたし、サケの頭を細かくたたいてつぶしたもの、ジャガイモをふかしてつぶし、サケ・マス類の卵で味付けしたもの、冬期間、サケを屋外に吊して冷凍・解凍をくりかえすことによりやわらかくしたものなど、さまざまな季節の料理が食卓に並べられていました。

肉や魚などを生(なま)で食べていたか

「どんなものを食料としていたか」の項で述べたように、アイヌの人々は陸・海獣や魚などの肉類やたくさんの山菜類、穀物類を食料としていました。

ここで一番大切なことは、そうした食べものを生で食べずに、たいていはいろいろな方法を講じて保存食にしてストックしていたことです。

もちろん、食料の全部が全部、保存用とされたわけではありません。中にはシカ肉であれば背中の肉を刺し身にして食べたり、肉そのものをそのまま鍋に入れて煮て食べることもあります。シカの内臓の一部を細かく刻んで生で食べることだってあります。魚や山菜でもとったときにすぐ調理することもあります。

しかし、それらはあくまで必要なとき、その場限りで調理される

ものて、食料全体からみればほんのわずかの割合でしかないのです。ほとんどの食料は「食料をどうやって保存したか」の項でも触れているように、いろいろな方法で乾燥させ貯えておく、というところにアイヌの人々の食生活の基本があったのです。家の外にはたいていプ（食料保存庫）という高床式の倉が建てられており、その中には２〜３年分の保存食が常に備えられていたともいいます。

　季節の移り変わりとともに、自然が提供する資源（恵み）もまた変わっていくのですから、そのときどきによって得られた食料を場あたり的に食べていくことは決して合理的とはいえません。季節季節のものを採集し、それを適切な方法でストックしながら、年間を通じてバラエティーに富んだものを口にしていくこと、それが栄養のバランスの上でも一番望ましいことでしょう。ましてや、そのような貯えがあれば、自然の変動で恵みが少ない状態になっても決して困ることがないのです。

　栄養のバランスといえば、私たちは肉

上・穀食を煮る　下・穀食を食べる（『蝦夷生計図説』）

や魚と一緒に野菜をたっぷりとりますね。アイヌの人々も今のような野菜はありませんでしたが、その代わり、種類の豊富な山菜を採集し、それを保存しておいていろいろな鍋物にいっぱい入れて一年中食べていました。つまり、ビタミン類の補給のために、山菜は必要不可欠の食べものだったのでしょう。

乾燥させた肉や魚を必要に応じて切って鍋に入れ、それに山菜をたっぷりと入れた煮物、穀物をおかゆ風に炊いた汁物、そのほか木の実やマメ、イモなどを混入した煮物などが一年を通じて食べられていたのです。そうしたアイヌの人々の食生活は、すべて今でいう自然食品ばかりで、添加物に汚染された現代社会の食品に比べるとはるかに栄養価の高いものだったわけです。

昔のアイヌの人々の写真や江戸時代の風俗画をみても極端に太った人は目につきません。また、アイヌプリ（アイヌの習俗）で育っ

コラム
●
調理具について

　自然から得た食料の素材を加工し、調理をおこなうためにはそれなりの道具が必要です。アイヌの人々はこうした調理用具を和人との交易で手にいれたり、自ら製作したりしました。主な用具には素材を切る小刀とマナイタ、物を煮る鉄鍋、水を汲むための樺皮製柄杓、物をすりつぶすすりこぎと木製器、穀物を脱穀する臼と杵、料理を盛りつける木製杓子などがありました。そして、こうした道具によって調理された料理は、椀や木製器に盛りつけられ、箸や木匙を使って食べていました。

　こうした調理用具のなかで、鉄製品や漆塗りの椀は和人との交易で得たものですが、他の木製品の大部分は男性が作り、美しい彫刻を施しているものも数多くありました。

た昔の人々はけっこう長生きしているようです。これはアイヌの人々の食生活が一見、質素ながら、実はたいへん合理的な内容だったからではないでしょうか。

食料をどうやって保存したか

　肉、魚、山菜、農作物など多くの食料のほとんどは、そのまま食べずに保存処理されていました。その方法を簡単に説明します。

シカ肉やクマ肉の保存

　解体した肉を細く裂き、戸外の物干しの棚に吊して天日乾燥させます。また一回ゆでてから乾燥させることもあります。おおよそ乾いたら家の中に入れて炉棚の上で再度乾燥させ、その後、煙干しをして、くん製にします。ハリとハリに棒をわたし、それに肉を掛けているシーンはウエペケレ（散文の物語）にもよく語られます。このように、そのまま家の中に吊して保存することもありますし、すっかりくん製にでき上がったら、白樺の皮でくるんでプ（食料保存庫）に入れておくこともあります。

●たべる●

サケ・マスの保存

　サケは、腹を裂き内臓をとった後、背割りに開いて戸外で乾燥させます。また頭をとって二つに裂き、それにひもをつけて戸外の干棚にかけて乾かしたりします。こうしてやや生乾きのうちに家の中に入れ、炉棚の上で肉と同じように煙干ししながらくん製状態にするのです。

　いっぽう、マスは夏の魚でしかも油分が多いため、そのまま戸外で乾燥させておくとハエや虫がつきます。そのため、いったんさっと焼いてから乾燥（焼干し）し、その後、家の中に入れて煙干しにします。

プ（食料保存庫）のようす（『蝦夷生計図説』）

また、ほかのウグイやヤマメなどの小魚は、そのまま串に刺して天日乾燥したり、あるいはマスと同じように焼干しにして貯蔵しました。

農作物の保存

　アワやヒエ、イナキビといった穀物は、秋に収穫されると家にもち帰り、家の前の庭にゴザを敷いてその上に広げながら数日間乾燥させます。

　すっかり乾いたら、大きなサラニㇷ゚（編袋、通称コンダシ）に入れたり、またムシロにくるんでプ（食料保存庫）に入れて保存しておきます。食べるときに適量を取り出して、それを炉棚の上で再度乾燥させた後、臼に入れて搗きながら殻をとった上で調理されます。

　トウモロコシやジャガイモ、マメ類も、同じように収穫後に完全乾燥させます。

　食べるときは乾燥させたものを適量とり、それを水につけるなどしてもどし、「食卓の主なメニュー」の項で述べたように、サヨやオハウ、ラタㇱケㇷ゚などに入れて食べるのです。

植物の保存（山菜）

　これもほとんどが乾燥保存用となります。一つの植物全体を食用として利用するのではなく、植物によって、根（球根）を食用とするもの、茎葉を食用とするもの、さらに果実を食用とするものに分けられます。

　すべての植物の保存方法を説明することはできませんので、ここ

では、いくつかの保存方法を例にとって述べてみましょう。

■根（球根）や鱗茎の保存例

トゥレㇷ゚（オオウバユリ）のように、鱗茎をはがして洗い、それを搗いてから発酵させて良質のデンプンをとる方法があります。デンプンは天日に乾かして保存し、残

オオウバユリの団子

りかすも固めて円盤状にして乾燥させ保存します。またトマ（エゾエンゴサク）の根のように、一回ゆでて、それにひもを通して数珠つなぎにして乾燥させる方法などもあります。

■茎葉の保存例

利用度の高いものの代表は、プクサキナ（ニリンソウ）やプクサ（ギョウジャニンニク）です。前者は適当な束にし、一束ごとに縄で編むようにしばっていきます。それを軒下に吊して天日乾燥させ、一年中の食料とします。後者は一本ごと縄で編んで軒下に吊して干すほかに茎葉を細かく刻んでそのままムシロなどに広げて天日乾燥させ、その後、サラニㇷ゚（編袋）に入れて貯えておく、というような保存方法があります。

■果実の保存例

ヤㇺ（クリ）、ニヌㇺ（クルミ）、シケㇾペ（キハダの実）などの木の実は、とった後そのまま広げて乾燥させ、すっかり乾いたらサラニㇷ゚に入れて貯えておきます。

そのほか

　以上は、「乾燥させる」という方法で保存するものです。このほかにもいくつかの保存方法があります。

　たとえば、サケの保存方法には前述の乾燥、くん製のほか、凍らせて食べる方法もあります。「ルイベ」という名前を聞いたことがあるかもしれませんが、これは基本的に秋から冬にかけてサケを凍らせて保存した食べ物です。作り方は地方によって違いがあるようですが、たとえば秋口に捕ったものを塩づけにしておき、寒中にそれをとり出して戸外に吊しておくと、寒いときには凍り、日中気温がゆるむと若干とけかけ、さらにまた凍るということが繰り返されるうち、その切り身を食べるとトロッとした味のある食べ物になるそうです。

　そのほか、ジャガイモを凍らせることがあります。冬の間、外に

コラム

薬味について

　アイヌの人々の料理は、おもに獣油、魚油、それに塩によって味付けをしていました。ただし、油は多量に使用しますが、塩は薄味がつく程度の量しか使用していません。
　このほか、いわゆる薬味として使用したものにキハダの実、サケやマスの卵、ギョウジャニンニクの刻んだもの、イタヤカエデやコクワの樹液などがありました。

そのまま放置しておくと春先に柔らかくなるので、皮をはいでつぶします。それを水出ししたあと布の袋に入れてしぼって乾かすと粗い粉になり、それを保存します。食べるときは水を加え、団子にして焼いて食べます。

また、サケやマスの筋子のように、塩を入れて漬けることもありました。しかし、塩漬けは古くからあったものかどうか、今のところよくわかりません。

日常と儀式による食事の違い

アイヌ民族には、儀式と日常の食事の違いが一部を除けばあまりないというのが実情です。結婚式や祖霊祭、葬式などの儀式のときには、だいたい日常食と同じようなものを食べます。それでも、儀式の際は人が多く来ますから、それだけ量が多くなることはよくあります。

ただ、若干異なる点もあります。たとえば、沙流川流域の聞取りの事例の中にスケㇷ゚と呼ばれるごちそうがあります。それは、イナキビやアワをご飯風に炊いて、それを動物性の油や魚油をひいた鉄鍋に入れて焼き上げた食べ物です。鍋に入れるときうすく鍋全体に広げながら黄金色になるまで焼き上げ、最後に四角状に盛り上げてよそって食べるのです。ちょうど現代風にいえば、ケーキ風チャーハンとでもいえましょうか。これは、コタンをあげておこなわれる

●たべる●

クマの霊送りのときの供物の団子と干魚

イオマンテ（クマの霊送り、「クマ祭りとは何か」の項 p. 158 を参照）のときに作られる特別のごちそうだったといいます。

また、儀式の際（儀式については「ほかにどんな祈りの儀式があるか」の項 p. 166 を参照）には、酒を作ったり、イナキビやオオウバユリなどで団子を作ったり、ヒエやイナキビを現代のご飯と同じように炊いたものが作られていました。そうしたものを作るのが、だいたい日常と儀式の際とのきわ立った違いといえるでしょう。

食生活のメリット

その昔、江戸時代の終わり頃に北方警備のために津軽藩は兵士を知床半島付近に出兵させました。その兵士たちは、あまりにも厳しい冬を越せずに、次々と死者が出たという有名な史実があります。

これは、厳しい冬のあいだ、ビタミン類など必要な栄養素が取れなかったことにより、脚気などの病気になってしまったことが要因でしょう。

　その点、アイヌの人々の食事を考えてみましょう。すでに述べたように、塩分はすべての食べ物にわたって極力おさえられています。鍋物や保存食に塩分を使う際はうすく味付けする程度です。塩自体、交易で入手する貴重品ですから、むやみには用いられなかったのです。また、肉や魚にしろ、乾燥させたものを食べていたわけですから、脂肪分がおさえられ、カロリー的にもちょうどよい割合になったものが常に食べられていたと考えてもよいのではないでしょうか。

　そして、冬といえども乾燥保存した山菜類をたくさん食べていたので、津軽藩士のように体が弱って越冬できないということなどあり得なかったのです。

　ましてや、いろいろな食べ物に直接イワシやニシンの油、シカや海獣類などの動物性油をつけて食べたり、オハウ（鍋物）にはそう

コラム
●
食事の場所と回数

　食事の時、家族は炉のまわりに集まり、炉縁を利用して食器を並べ、食事をとりました。ただし大切なお客さんに食事を出す場合は、お膳を使ってもてなしていたようです。

　こうした食事の回数は、江戸末期ぐらいまでは、どうも一日朝と夕方の２食が一般的だったようです。しかし、近代になると、一日朝昼夕の３食がとられるようになりました。ただし、その日の仕事や諸々の事情により早朝や晩に食事をとることもあり、１日３〜５食とることもありました。

した油をたっぷり入れて食べるのが習慣でした。このような食事は冬のあいだ、とくに多くとられていたのです。油を冬のあいだたっぷりとるということは、それだけ体内に脂肪を貯えることができるので、厳しい冬でも苦もなく乗り切れたのです。

　また、サヨというアワ、イナキビなどの穀物をおかゆ風に炊いたものを常食としていましたから、胃に必要以上の負担をかけることもなかったはずです。それに、サヨには山菜やイモ、マメなどを混ぜて食べるわけですから、それだけでも、結構バランスのとれた食べものになったはずなのです。

　よく考えてみれば、江戸時代はいうに及ばず、明治、大正、戦前まで、日本の大多数の人々は、かゆをすすり、イモ、カボチャを食べるというのが毎日の食事だったのです。白いご飯を食べ優雅な食事をとるというのは、昔であれば特権階層の人々のみで、庶民であればたいていは戦後になってからのことなのです。

　それに比べれば、昔のアイヌの人々は、肉、魚あり、山菜、穀物あり適当な海藻あり、というように一般の人々が想像するよりはるかに豊かな食生活をとっていたといえるのではないでしょうか。

すまう

●すまう●

家のつくり

　アイヌの人々は北国の厳しい自然のなかで、自然を神として敬い、自然の法則のなかで生活を営んでいました。こうしたなかで、自然の脅威から家族の生活を守り、はぐくんでくれたのが、アイヌの人々の住居のチセでした。なお家のことをアイヌ語ではチセと言います。つまり現代の家もアイヌ語ではチセと言うことになります。しかし、伝承者の方によっては、チセを伝統的な家ととらえている場合もあります。そこで、この本で使用するチセは、誤解をさける

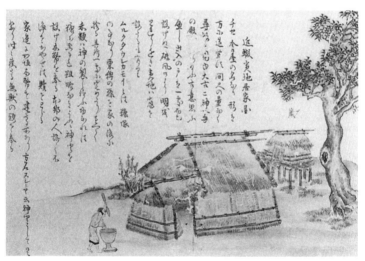

チセ（住居）のようす（『蝦夷島奇観』）

●すまう●

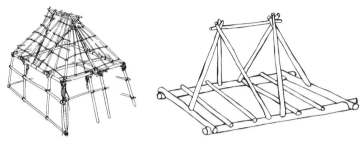

左・チセの骨組み 右・チセの屋根構造

ため、伝統的な家を言う意味で仮に使用することとします。

　チセを建てるときの材料を選ぶ知恵や建築技術は、厳しい自然のなかから得、そして学び取ったもので、そのなかにアイヌ文化の粋を見ることができます。

　チセの基本的な構造については、同じコタン（集落）内では大きな違いがなかったといわれています。

　チセの外観は寄棟造りで、平面上ではほぼ長方形をしています。大きさは家族構成や地方によって様々でした。たとえば、十勝では大きいもので長さ5～6間（約9～11m）、幅2～3間（約4～6m）程度だったといわれています。

　このチセを形作っている材料は、すべて木や草などの自然物で、釘はまったく使用していません。このため、材料をしばりつけるにはブドウヅル、コクワヅル、シナ皮製縄などが用いられていました。

　建物の基礎となる柱は、この長方形の四隅とその間に立てられ、家の内部に立てられることはありません。この柱は、土台を置かない掘立てで、地面に直接埋められ固定されています。材料は腐りにくいハシドイ、カシワ、カツラ、イヌエンジュなどが使用され、とくに、四隅の柱には太いものが使われていました。

この柱と柱の間には、壁を葺く素材を縛りつけるための横木が何本かわたされています。この材料には長くまっすぐに伸びるヤチダモやナラのような木が使われました。

　柱の上には梁と桁が四角に組まれ、桁と桁を渡して中梁が数本ほぼ等間隔に縛られ、家枠の強度を高めています。

　屋根は４方向に勾配のつく寄棟造りで、この屋根の構造がチセの大きな特徴のひとつとなっています。この屋根を支える柱をケトゥンニ（またはチセイッケウ）といい、３本の木を三脚に組んだもので、上からの力を３方向に分散する役割を持ち、屋根を支えるためにはとても合理的な構造をしています。このケトゥンニは梁と桁の上に２組が組まれていて、その上には棟木が渡されています。さらに屋根を補強し、屋根型を形成する縦木が、梁・桁と棟木にかけて一定の間隔で組まれています。そして、屋根を葺く材料の止め木としてこのまわりに数本の横木がわたされています。

　壁や屋根を葺く材料は、カヤ、ヨシ、ササ、樹皮などで、地方によって異なっていました。

　以上がおおまかなチセの概略ですが、このほかにチセに附属する形でセㇺ（またはモセㇺ）という玄関兼物置きの張り出しが付く場合が多く見られました。

●すまう●

家の内部
——チセのしくみ——

　チセの構造については、「家のつくり」でその概略を説明しましたが、それでは、その内部のようすはどのようになっていたのでしょうか。アイヌの人々が生活を営んでいた部屋のようすを、とくに白老地方のチセを中心に見てみましょう。

　この地方のチセは家の長軸が東西を向くように建てられ、西側には玄関兼物置きのセㇺ（またはモセㇺ）がついていました（チセの向きについては「家の地方差」の項を参照）。入口はこのセㇺの南側に開き、普段使わないときにはカヤやヨシで編んだ簾や蓙が下がっていて、それが戸のかわりになっていました。このなかには薪や臼、杵などの生活用具が置かれ、東側には母屋への入口が開いていました。

　チセの内部は長方形の一間で、ほぼ中央に炉が切られています。この炉は炉縁で四方が囲まれ、西側奥の両角には削り台が付いていました。これは男性がイナウ（木幣）を作るときや彫刻をするときの台になるものです。炉のなかには、火ばさみ・灰ならし・灯火用具などが置いてあり、さらに、炉の北東角には火の神様に捧げられたイナウが立っていました。

　炉の上には、肉や魚を干してくん製にするための炉棚が家の梁から吊り下げられていて、その中央からは鍋を吊すための炉鉤がさがっていました。

●すまう●

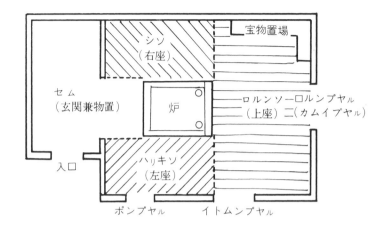

チセのなかの座の名称

　床は土間の上に枯れ草を敷きつめ、その上にカヤやヨシで編んだ簾を敷き、さらに、その上にガマやイグサなどで編んだ茣蓙を敷いただけのものでした。

　チセの北東奥は床が若干高くなっていて、和人との交易などで得た漆塗りの行器、鉢、杯や刀、矢筒などがおごそかに置かれていました。これらはアイヌの人々の間で宝物として扱われ、その品数によって貧富の区別をつけることもありました。この宝物置場の上はミズキやヤナギでできた削りかけで飾られ、

炉と火の神のイナウ

さらに、北東の角には家の神であるチセコㇿカムイをはじめ、猟や家族の成長を見守ってくれるイソプンキヨカムイ、イレスプンキヨカムイのイナウが安置されていました。

壁は主にカヤやヨシで葺かれていました。このような草壁で寒くないのだろうかとおもわれるかもしれませんが、厚い草束で壁が作られているので断熱効果があり、炉に火がある限り家のなかは冬でもそれほど寒くならなかったといわれています。

窓は家の東側に1ヵ所、南側に2ヵ所開いていました。東窓はロルンプヤㇻまたはカムイプヤㇻと呼ばれ、神々が出入りする窓として人々にとても大切にされました。とくに外からこの窓を通して家の中をのぞくことは、神に対し不敬にあたるとして忌み嫌い、儀式など特別なとき以外、決してしてはいけないこととされていました。

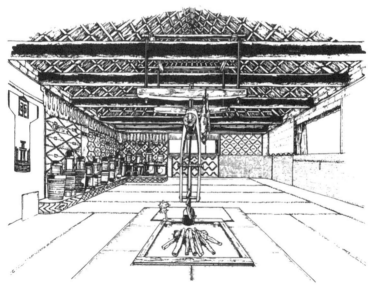

白老地方のチセの内部

南の窓は東寄りをイトムンプヤㇽ、西寄りをポンプヤㇽといい、前者は採光のための窓として、後者は炊事場用の窓として利用されていました。これらの窓にも戸口と同じように簾が下がっていて、夜や寒い時などはこれで窓を閉めました。

白老地方の場合、イトムンプヤㇽの下の壁がはずれるようになっており、海漁で得た獲物は、この壁をはずして家の中に迎え入れるという習慣がありました。

チセには天井がなく、室内から屋根柱が見えていました。また、梁と梁との間には使っていない蓙やその材料であるガマやイグサが乗せてある場合もありました。

このほか、地方によっては屋根のひさしを伸ばして小部屋を作ったり、部屋の一部を蓙で仕切って夫婦の寝室を作っている場合もありましたが、基本的にはさほど大きな違いはなかったようです。

家の建て方
―― チセをつくる人々と儀式 ――

チセ（住居）を建てるにあたり、まず土地の選定がおこなわれます。場所としては海や川の近くで、食料や水を豊富に得ることができ、しかも洪水や山津波、崖崩れなどの危険がなさそうな場所が選ばれました。

場所が決まると家の中で炉になる位置に火を焚き、神々に対して建築の安全とこれらの加護を祈る地鎮祭がとりおこなわれます。そ

して、その後約7日間のうちに建て主が不吉な夢を見なければその場所が正式に決定されます。しかし、もし不吉な夢を見たならば、その土地に悪い神がついていると判断され、場所を変更したり、土地を清めたりしました。

　こうして土地が決定すると、コタン（集落）の人たちが総出で整地をおこない、家の柱や壁材、屋根材となるハシドイ、ヤチダモ、カヤ、ヨシ、ブドウヅル、シナノキの内皮などの材料を採取し、いよいよチセの建築が始まります。

　家の建築はまず、地面の上で屋根組みを作ることから始まります。建てる場所にあわせて桁と梁を四角に組んで、その上にケトゥンニという屋根柱となる三脚を2組組みます。さらに、桁と桁の間に梁を数本組み、ケトゥンニの頂点と頂点に棟木を渡し、家枠を補強します。次に、梁や桁から棟木にかけて数十本の縦木を立て掛け、このまわりに葺材を固定する細い横木を数本わたします。

　こうして屋根組みが出来上がるとまわりに柱穴を掘り、柱を立てていきます。この柱は屋根が乗るように先がY字型の受け状になっています。柱がすべて立つと、地面で組んだ屋根を大勢で担ぎあげ、この上に乗せます。そして、落ち着いたら屋根と同様に柱のまわりに葺材を止めるための横木を数本取り付けます。ただし、大きな家の場合は、先に柱を立ててその上に直接屋根を組むこともありました。

　これで家の骨組みがほとんど完成し、これから屋根葺、壁葺が始まります。

　屋根はヨシ、カヤ、ササなどの葺材の束を下から順番に横木にしばりつけながら葺いていきます。この方法で葺いていくと屋根は段々になります。そして、屋根が出来上がると、壁も屋根とおなじ

●すまう●

チセの組み立て　骨組み、屋根葺きから完成まで

ような方法で葺いていきます。

こうしてチセの外観はほぼ完成しますが、このほかに入口に玄関兼物置きのセムを作る家が多くみられました。

外観が終わると次はチセの内部にとりかかります。内部ではまず、火の神様が鎮座する炉を作り、その上部に火棚を組みます。床はきれいに整地した地面の上に枯れ草、簾、莚を順に敷きつめただけのものでした。

チセコ□カムイ（家の神）

このほか、家のまわりには雨水が入ってこないように溝を掘り、壁に少し土盛りをしました。

以上のような過程を経て、3〜7日ほどでチセ作りが完了すると、コタンの人々や親戚を集めてチセノミという新築祝いがとりおこなわれます。これはいわばチセに魂を入れ、家での生活の安全を祈る儀式です。

まず、人々が集まると、長老が炉にはじめて火を入れます。そして、チセコロカムイという家を守る神のイナウを作り、家の宝物置場の上の隅に安置します。祝宴が始まり、家主や来客が神々に祈り終わると、家主が家の天井のつまに向けてヨモギで作った矢を放ちます。これは家の中の悪霊をはらい清める意味を持っています。こうしてチセノミが終わり、ようやく人が住める家になります。

チセは釘などの金属類をまったく使用せず自然素材だけで作った家ですが、家のなかで常時火を焚いているので、その煙の燻蒸作用により耐久年数は長く、場合によっては何世代にもわたって住むこ

とがあったということです。

家のまわりにある いろいろな施設

　アイヌの人々の生活の中心であるチセのまわりには、生活や信仰に関わる付属施設がいくつか建っていました。

　おもなものに、幣柵（祭壇）、檻、倉庫、干し柵、便所などがあげられます。これらの施設もまた、地域によって形、建てかた、位置などに違いがみられたようです。（違いについては「家の地方差」の項 p. 134参照）

　そこで、ここでは白老地方を例に説明します。

　幣柵はヌサと呼ばれ、神々へ礼拝するいわゆる祭壇で、家の東側

チセの周辺（満岡伸一『アイヌの足跡』）

に作られていました。ここにはその家やコタン（集落）で祭られる神々のイナウ（木幣）が立ち並び、家の周辺のなかでもとくに神聖な場所として大切に扱われていました。

倉庫（左）と飼育檻（右）
（満岡伸一『アイヌの足跡』）

　このヌサの南側には、山で捕獲したクマやフクロウ、キツネなどの幼鳥獣を育てるための檻が建っていました。この檻は動物神をコタンに招き、神の国へ帰すまでの間、その神のすみかとなるものです。形は丸太を井桁に組んだ高床式で、かなり頑丈に作られていました。

　チセの南側には倉庫があり、常に一家族の2〜3年分の保存食が貯えられていたといわれています（保存食については「食料をどうやって保存したか」の項 p.108参照）。このため、ネズミの害にあわないよう高床式に作り、柱にはネズミ返しをつけ、普段出入りするときにははしごを使いました。

　また、家の付近には魚や山菜を干すための干し柵が立ち、サケが遡上する季節などは、保存食にするための干し魚がたくさん掛けられていました。

　家の西側（下手）には男性用と女性用の便所が別々に建っていました。

　これは地面に穴を掘り、そこに片流れ型か円錐型の小屋を建てたもので、穴がいっぱいになると近くの別の場所へ移しました。かつては今のようにトイレットペーパーなどありませんので、イタドリなどの植物の葉を乾燥させたものなどを使っていたようです。

家の南西に広がる前庭も大切な場所で、常にきれいに掃き、掃除がなされ、杵搗(きねつ)きや機織(はたお)り、蓙編みなど外で仕事をするときは、だいたいここでおこないました。

　このほかにも、灰捨て場所やごみ捨て場所、それに家のなかで使った水を排水する場所などが厳しく決められていました。

　こうした付属施設もまたチセ同様にアイヌ民族の生活文化のひとつを形成していたわけです。

家とくらし
――チセでのくらしとしきたり――

　チセはアイヌの人々にとって生活の中心であり、安息の場所でした。家族は家の中心にある炉を囲んで仕事をし、様々な儀式をおこない、一家団欒(だんらん)の時をすごしました。

　家族構成は親子二世代あるいは親子孫の三世代同居ですが、子供たちが成長するにしたがって家が狭くなると、長男から順に別に家を建てて独立したり、祖父母が家のすぐ近くに小さな別棟を建てて住んだようです。

　家族はこのチセのなかで、現在の社会と同じように家庭生活を営む上で必要な仕事をそれぞれ役割分担しながら日々を過ごしていました。たとえば、男性は猟具の手入れやイナウやイクパスイなどの信仰用具を作ったり、女性は着物・蓙作りや食事の支度、そして子供たちは水汲みや子守りなど親の仕事の手伝いをしていました。

●すまう●

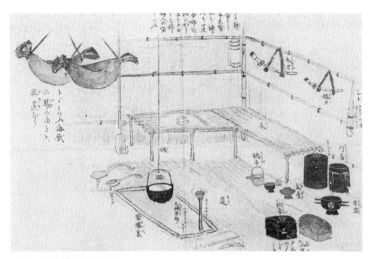

チセの内部（『蝦夷島奇観』）

　家の中は一間で、ほぼ中央に炉が切られています。この炉のそばは家族が仕事をし、食事をし、暖や明りをとるといった生活を営むうえで中心となる所でした。炉はアイヌ民族の神のなかでもとくに尊敬され、崇められている火の媼神（アペフチカムイ）が鎮座しているところと考えられていて、この火の神が常に家のなかを見渡し、人々の暮らしを見守ってくれていると信じられていました。このため、アイヌの人々は火はもちろん

帯広伏古別コタンの住居席配置図（大正末、吉田巌『杖のみたま』）

●すまう●

物語の語りのようす（『明治初期アイヌ風俗図巻』函館市中央図書館）

のこと炉縁や灰に対しても不敬なことがないように大切に扱いました。夜にはこうした炉のまわりで、おじいさんやおばあさんが孫たちにユカㇻやウエペケㇾなど祖先から伝わる物語を聞かせることもあったことでしょう。

ところで、この炉のまわりは家族が座る所や、寝る所など生活上のきまりが、ふだんから厳しく定められていました。

家のなかでは座が大きく3つに分かれていて、入口から炉に向かい左がシソ（右座）、右がハッキソ（左座）、そして正面奥がロルンソ（上座）と呼ばれていました。

シソはその家の主人と主婦の座で、上手が主人、下手が主婦の座となっています。ここで男性はイナウを削ったり、生活用具を作ったりし、女性は裁縫仕事や蓙編みをするといった仕事をしていまし

コラム
●
家の中での服装

家の中での服装は文様があまりないアットゥㇱ（樹皮衣）や木綿衣で、寒いときは重ね着をしたり、獣皮衣を着ていたようです。また普段、家のなかでは裸足で、外も家の近くであれば裸足でした。しかし、遠くに出かける時や冬などは、わらじや魚、シカ、アザラシなどの皮で作った靴を履いていました。（詳しくは、「よそおう」を参照）

た。夫婦の寝る場所も主にこの近くで、炉のそばで並んで寝たり、壁際を莚で囲い簡単な寝室を作るなどして寝ていました。寝る場合は家の神が祭られている上手に頭を向けるようにし、この方向に足を向けて寝ることは神に対して不敬にあたると考えられていました。また、寝具はあまり知られていませんが、寝るときには枕をし、寒ければ着物を重ね着したり、獣皮をかけたりしていたようです。

ハッキソは子供やそのほかの家族、それに来訪者の座となっています。寝場所もこのハッキソかまたはその上手を利用しました。また、主婦の台所仕事もこの下手でおこない、飲料水も樽に入れ、ここに置いていました。

ロルンソは神々がロルンプヤルから家の中へ出入りする時の通り道として考えられていたため、神聖な場所として扱われていました。ここはイオマンテ（クマの霊送り）などの儀式のときに使用され、普段はあまり人が立ち入らないようにしていました。また、ロルンソの炉近くはとくに尊い場所とされ、よほど尊敬に値する人でない限り座ることができませんでした。

このほか、儀式など特別な場合では男女差や年齢差によって日常以上に厳しく座る場所が決められていました。とくに儀式のとき女性がロルンソに入るのは、神への不敬にあたるとして忌み嫌い、儀式の手伝いをする女性以外は入ることを遠慮しました。

ところで、シソ（右座）、ハッキソ（左座）の名称はロルンプヤル（神窓）があるロルンソ（上座）からみて名づけられています。つまり、家のなかの座の名称は、神が出入りするといわれるロルンプヤルを家の正面として考え、名づけられているわけです。

こうしてみると、アイヌの人々は家の中で常に神々を意識した生活を営んでいたことがわかります。

家の地方差

　柱や屋根の組みかたなどチセの基本的な構造は、北海道各地のコタン（集落）でそれほど大きな違いはなかったようです。しかし、チセの建築材料や形態・方向などについては、各地で違いがみられました。

草葺きのチセ

建築材料

　建築材料は、その土地で最も入手しやすい素材が使用されました。このため、とくに材料を大量に必要とする屋根や壁の葺材にその地方の特徴がみられます。たとえば、白老・日高ではカヤやヨシ、上川ではササ、十勝ではヨシや樹皮、根室・北見では樹皮などが主に使用されていました。

　柱材も、ハシドイ、クリ、カ

ササ葺きのチセ

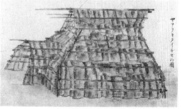
樹皮葺きのチセ
（『蝦夷生計図説』）

シワ、カツラ、イヌエンジュなど腐りにくい木のなかで、その地方に多くみられる素材が選ばれ、使われていました。

かつての樺太地方の半地下式住居

形態

内部の間取りは基本的に一間で、これは各地であまり変わりません。しかし、部分的に若干の違いが見られました。たとえば炉はどの地方でもほぼ中央に切られていますが、その大きさや削り台の有無などに地方差が見られましたし、炉が2ヵ所切られている家もありました。

また、窓は白老・日高では入口から入って右側に2ヵ所、正面に1ヵ所開いていましたが、道東では正面と右側（帯広の一部では左側）に1ヵ所ずつ開いていました。（窓については「家の内部」の項p.121参照）

このほか、樺太・千島には冬だけ使われる半地下式のトイチセという家がありました。これは北海道の伝統的な家とはまったく形態が違い、深さ1〜1.5メートルの穴の上に柱を立て、屋根を草で葺き、その上に土を厚くかけたものでした。

家の方向

チセが向く方向はコタン単位でだいたい決まっていました。つまり、同じコタン内で家があちこちに向いているということはあまりなく、ほぼ同一方向を向いていたわけです。たとえば、神々が出入

りすると考えられているロルンプヤㇽ（神窓）という家の奥の窓を向く方向を見てみると、白老では東、日高の平取では南東、帯広・芽室では西、様似・音更・池田（利別川筋）では北を向いていました。（それぞれの地域でも一部のコタンはこれにあてはまらないことがあります）

これは信仰上の理由によるもので、たとえば十勝では川の上流域に神々の世界があると考えていたため、ロルンプヤㇽが川の上手を向くように家が建てられました。

このように、チセは各地方でいくつかの違いがみられましたが、実際に使用された伝統的な家は現存しないため、詳しい調査をすることは難しくなっています。（北海道内に建っているチセは文化伝承などのために建築、保存されているもので、現在こうした家に住んでいる人はいません）

神々
と
ひとびと

神に対する考え方
——信仰観——

　この問題について簡単に答えることは大変むずかしいことです。なぜなら、アイヌの人々の物質文化にしろ精神文化にしろ、その底流には信仰的要素がすべてにわたって貫かれているからです。それを知ることは、それだけアイヌ文化の核心に触れることができ、理解をより一層深めることにつながるとおもいます。

神に対する基本的な考え方

　人間が地上で生活する以上、人間のまわりには様々な事象が存在します。文明が発達するほどそれらの事象は多くなり、各種多彩になりますが、まずアイヌの伝統時代に思いをはせてみましょう。

　広大な大地、果てしなく広がる海原、流れ行く川、豊かな自然の中を大小様々な動物たちが往来し、山野には各種の植物が群生していたでしょう。そのなかにはコタン（集落）があり、コタンのなかにはいろいろな生活の用具が置かれています。そういうステージの上で人間が日々の生活を営むわけです。日々の平和な生活のなかにはまた、地震、カミナリ、火事、津波、洪水、病気など、各種の自然現象が去来するでしょう。

　アイヌの人々によれば、そのような人間のまわりに存在する数限りない事象にはすべて「魂」が宿っているものだといいます。山に

住むヒグマやキツネ、森に咲く花、川や海に生息する魚、人間が使う器、突然襲来する災害、ほんの一例にすぎませんが、それらの事象がこの世に存在し魂を宿しているということは、「天上の神の国からある使命を担って舞い降りてきて、姿かたちを変えながらこの地上に住んでいる証なのだ」というのです。つまり、天上の世界で別の姿をしているものが、この世にくると動物なり植物なりといった事象に化身するという考えです。使命を帯びてくるわけですから、この世での役割すなわち存在感のないものなどあろうはずがない、というのが人々の基本的な考えなのです。

　ここで「魂」と書きましたが、これは生命体として人間的な生命力を有するという意味で解釈してください。「霊」「霊力」という言葉を用いてもよいのですが、一般の人々にはどうも「ゆうれい」のイメージがつきまといがちにおもわれますし、適当な言葉がないので「魂」と記すことを理解してください。

　しかしながら、こうした「魂」といわゆる「神」とはまた違った次元で考えなければなりません。この世にある種の役割を担って存在こそすれ、その実、人間の生活にはあまり関わりのないものもあります。反対に、これがないと生活ができない、というものもありましょう。よく例にあげて説明するのですが、伝染病という好ましくない一つの現象があります。これは、人間にとってはどうしようもなく、素手で戦えるものではありませんでした。アイヌの人々は、伝染病をとても魂の強いものと考え、神の称号を与えてパコロカムイ（年を支配する神）と呼んでいました。伝染病は好ましくないものですが、そのほかに好ましい例もあげましょう。生活に絶対欠かせないものに「火」や「水」があります。これも当然、魂が強いものと考えられ、火は一般的にアペフチカムイ、水はワッカウシカム

イといわれます。いずれも相当位の高い神に考えられていました。それとは反対に、魂があることは認めつつも、人間が作り出す日常の雑器の類、あるいは生活にあまり必要とされない植物などを、普通は神として意識することはありません。

こうしてみると、人間の生活に貢献するもの、なくてはならないもの、あるいは人間の力ではいかんともしがたい魂の強いものが、総じてアイヌの人々に神として意識されているといってよいでしょう。

ついでに極論をいうと、魂が強いか、弱いかという人間の認識の度合いで、神のランク（位の高い、低い）もまた決まってくるといえるのです。

良神と悪神

いっぽう、神の中には、人間の欲望を充たすような良い神ばかりいるわけではありません。前述した伝染病をはじめ、天災、人間をまどわす悪い心、それらもすべて神として意識はしますが、決して良いとはいえません。こう説明するとすでにおわかりのように、人間生活に貢献するのが良い神、それをおびやかすのが悪い神なのです。

沙流川筋の古老によれば、こうした観点から神を分ける呼び方が３通りあるといいます。①ペケㇾカムイ　②パセカムイ　③ウェンカムイ　というような呼称があるといい、①は「普通のよい神」（ペケㇾは明るい・澄んでいる、という意味）、②は「重々しい、尊い神」、③は「悪い神」なのだというのです。ただ、悪い神だといっても、いつも悪いことだけをするわけではないのです。話がこ

んがらかってしまいそうですが、人間に「もう来ないでください。私たちのコタンからすみやかに去ってください」と祈られると、それを素直に聞いてさっといなくなる神もいれば、たまに人を助けるようなことをする神だっているというのです。また良い神だといっても、人間と同じく、ときには悪さをしたくなったり、嫉妬したりするのだといいます。つまり、人間と同じような感情があるのだというのです。

人間的な神

神は人間とかけ離れたものでなく、きわめて人間的であることをもう少し述べてみましょう。神であっても、人間の若い女性に惚れたり、人間の女性に自らの子を産ませたという物語だって伝承されています。

さらに、神の国に帰れば、人間と同じ容姿にもどり、そこには妻や子も、仲間もいて、人間と同じように平和に暮らしているのだといいます。とても人間的です。嗜好品を例にとってみても、酒やタバコ、お菓子などは多くの人間が好むものですが、神も人間以上に好きでたまらないのだそうです。

人間は喜怒哀楽の感情を持つことが当たり前ですが、神だってそれ以上の感情があるものだと、昔の伝統を担った古老であれば異口同音にいうのです。

アイヌの人々の「神」に対する考え方をつきつめていえば、それは「人間の能力や価値判断を基本とした考えかたを総合的に組みたてたもの」とでもいえるでしょう。

●神々とひとびと●

どのような神がいるか

　どのような神がいるかについては前の項でもちょっと触れました。それについて、もうちょっと詳しく具体例をあげてみましょう。そして、神がこの世でどんな姿をしているか、また神の国ではどんな姿をしていると考えられているかについて触れてみます。

この世での姿
　この世での姿は、人間が実際に目にすることができるものから目にみえないものまでいろいろあります。
　いずれも人間の身辺に存在するものばかりです。たとえば、動物神のうち比較的位が高いと考えられているものをいくつかあげてみましょう。
　シマフクロウ、これは今では道東の一部にしか生息していないとされていますが、かつてはかなり広域にわたって生息していたといいます。この鳥は動物神の中では最高の位にある偉い神と考えられ、コタンコロカムイ（コタンをつかさどる神）と呼んでいました。またほかのフクロウをはじめワシ・タカなどの猛きん類も総じて神とあがめられていました。
　今は絶滅してしまったオオカミも重要な神で、そのほか陸獣としてヒグマ、キツネ、エゾリスなどをはじめ多くのものがあげられま

す。

　さらに、海にいるシャチ、クジラ、メカジキ、カメなどの大型海棲動物、川をのぼってくるサケやイトウも人々にとっては大切な神です。

　植物神としては、矢毒の成分をつくるトリカブトをはじめ、イケマ、毒キノコ、ヨモギなどを神として強く意識しています。

　このような生物に姿を変えている神のほかに、山、海、河口、水源、沼や湖などの地形や場所をそれぞれつかさどる神も多く存在します。

　自然のいたるところに「〜をつかさどる神」がいるといってもよいでしょう。火や水、風、地震、津波、カミナリといった自然現象そのものも強い魂をもった神として意識されています。

　そのほかに人間の目にみえるものとして、人間が用いる丸木舟や板綴り舟、臼や杵、食事に用いられる器、あるいは家や便所などの建造物にもそれぞれ神がついていると考えられているのです。

　いっぽう、直接目では見ることができない神も多くあります。たとえば、人間には良い心ばかりでなく悪心もあります。怠ける心や淫乱な気持ちだってあります。人々の考えによればそうした気持ちになるということは、その人間にそのような心をもつ神が憑くからだというのです。また、この世のあちこちを歩き廻り、人間に不幸をもたらす伝染病や飢餓、これらもそのための使命をもった神の仕業だといいます。この世での生命を絶った後、あの世にちゃんと行けないでいる人間や動物の霊、そういう浮遊の魂も神の範ちゅうに入るでしょう。

　以上述べたものが、神のこの世での姿すなわち化身であり、鳥が鳥として、ヒグマがヒグマとしてこの地上でおこなう自然の、私た

ちが見ればごく自然の行動そのものが、それぞれのこの地上での役割すなわちつとめなのだと考えられていたのです。

神の国での姿

ところが、地上に舞い降りてくる以前、あるいは神の国に帰った際、神々はどんな姿、格好をしているでしょうか。

カムイモシッ（天上にある神の国）では、神も人間と同じように親、兄弟、仲間がいるのだとされています。とても人間的な考え方です。そして、そこでの姿かたちもまたきわめて人間的であると感じずにはいられません。

古老たちに、「カムイモシッではどんな格好をしている？」と聞くと、ほとんどの古老は、五体がそろって感性に富んだ人間の姿そのものなのだ、といいます。

ただ、身にまとうものは立派なもので、人間が儀式の際にまとうもの以上のきらびやかであでやかなものを身につけている、というのです。

火の神であれば、力強く燃え上がる火模様のついたコソンテ（絹製の小袖）、水の神であれば、陽春の中をキラキラと光り輝きながら流れる水面のような模様が入ったコソンテを、それぞれ幾重にもまとい、いつも立派なニンカリ（耳飾り）やタマサイ（玉飾り）、テクンカニ（腕輪）などの装飾品を身につけて暮らしているのだというのです。

こうしてみると、前にも述べたように、アイヌの人々が考える神というのはあくまで現世、つまりこの世の人間の感覚や認識が基準となって観念化されていることがおわかりになるでしょうか？

神と人間の関係

「アイヌの人々が意識する"神"というのはとても人間的なのだ」と説明すると、決まって「神と人間はどんな関係にあるのか?」と質問されます。簡単に説明してみましょう。(といっても少し長くなりますが)

人間の祈り

前の項でも説明しましたが、"神"というのは、「人間の生活にとって必要なもの、人間の能力以上のものをもったもの」ですから、人々が敬うことは当然です。豊かな自然のいたるところに、それぞれこの世でのつとめを担った神が姿を変えて住み、人間は、それから生きていくためのエネルギーを提供してもらうのです。つまり、神々の庇護と生活の

神々への祈り(*)

●神々とひとびと●

カムイノミ（火の神へ祈り）

糧の提供なくして、人々の安定した平和な生活はあり得ないと考えられていたのです。

家族を育て見守る、食料をさずけてくれる、コタンを見守る、猟をあたえ、人間の行動上必要な場所々々を見守る、そのような役割を担ったいろいろな神々に見守られて、人間は子を産み育て、人を愛し、住まい、装い、仲間たちと協調していくという日々の生活を営んでいくのです。それが何よりの平和な暮らしであったのです。

その平和な暮らしをいつまでも保障してくれることへの願いと、これまで人間の祈りを聞いて実践してくれたことへの感謝を捧げるために、人間は"祈り"という儀式を通して、それらの思いを言葉に託して神に捧げるのです。イナウ（木幣）やサケ（酒）、ハル（食料）を捧げながら神に祈ることを、カムイノミ（神への祈り）またはカムイコオンカミ（神に対する礼拝）といいます。たいていは、知識と経験の豊富な長老たちによっておこなわれます。

祈りを受けた神のお返しもの

人間の祈りを受けた神々は、単に一方的に人間からお願いされるだけでなく、人間の敬けんな態度と心に報いてやらなければなりません。人間から、「山猟に行くから安全を保障してくれ」といわれればその通りに、「幸を里に降ろして下さい」と願われればそのと

●神々とひとびと●

おりにしてやらないといけないのです。ただ、この場合、「幸を恵んでくれ」というのはむやみやたらにくれ、ということではありません。あくまで、「人間が必要とする分だけ」の意味があります。必要以上ということになると、たとえばそれが動物であれば今日のような乱獲、自然環境破壊につながってきますし、人々の間ではタブーとされていたことです。といっても、第一に神がそんな人の道にそれた願いなど聞くはずがありません。「われらがこのように、とどこおりなく失礼もなく祈れば、神である以上、聞いてかなえてくれぬはずがない」と、現在でもカムイノミの達者な古老は話します。

　その一方で、「もし、神に対して失礼な言葉、間違った言葉や作法をしようものなら、人間の祈りは決して神にとどかず、神を冒とくしたことになって、その反動が必ず祈る人間に返ってくる」ともいいます。カムイノミはそれだけ慎重さと厳粛さをともなうため、神を知り尽くした長老でないとできないのです。

　ところが、人間の切なる願いにもかかわらず、人間の意に反した結果になったときはどうなるのでしょう。そのとき長老たちは、「なぜわれらの願いごとをお聞きにならなかったのか、われらは祖先伝来の方法で失礼もなく祈りをおこなったのに！」と抗議の言葉を神に述べることもあります。「神として品位を傷つけたことになるのだから、あなたは神の仲間から疎外されるだろう！」と厳しい態度でのぞむことさえあるのです。たとえば、白老に伝わる秋ザケを迎える祈りの儀式のなかで、猟を見守る神であるキツネ神に「チロンヌㇷ゚カムイよ、海の幸、山の幸問わずお恵みください。でも万一われらの願いに反し、不猟であれば、あなたは神としての威厳がまったくなくなりますよ！」と半ばおどしのような言葉をいうのは、

熊の霊へ捧げられた供物

その厳しい態度の例といえましょう。そういう意味からすれば人間も同様です。人間としてあるまじき行為をしたものは、人間からだけでなく、神々の間からも当然疎外され、死後も普通の人々が行く"あの世"には行けず、暗黒の世界につき落とされてしまうのです。

神と人間のおくりもの

　祈りの際に人間はイナウや酒、団子、穀物、お菓子、くだものなどを神に捧げます。そのほか、タバコも捧げます。

　これらの供物は人々が作ったものですが、実はこれらを神は作ることができなく、一方的に人間から捧げられるだけだというのです。人間から神におくるプレゼントなのですから、イナウであれば丹念に削り作ったもの、食料であればよいもの、などを選んで捧げるのです。神はこのようなプレゼント品をことのほか好むと考えられています。

　神にとどくときには、人間がおくったものの数が何倍にも何十倍にも多くなり、イナウであれば神はそれを宝物としてだいじな箱にしまっておき、どっさり送られた食料や酒は多くの神々が招待を受

けていただき、楽しい酒宴がおこなわれるといいます。神の国においては、このような人間界からプレゼントされる品々が多く、立派なものをおくられる神ほど、神の国における地位が高いとされるというのです。

つまり、プレゼント品が多く、良質のものがおくられるということは、一面では、いかにその神が心ある人間から尊敬されているかということを示すものであって、それはとりもなおさず、神のステータスシンボルとなっているのだというのです。

いっぽう、神は何をするかというと、前述したように、人間の願いを聞いてそれを具体的に実行していかなければならないのです。そして、神が人間界に獲物を降ろすときも、人間が捧げるものが神の国で何十倍にもなるように、その数が地上にくる頃にははかりしれないほど多くなるといいます。神がさずける一頭のシカが地上では群れをなし、また一匹のサケが大群となって川を遡上して人間の里を訪れるのだ、というのです。

神と人間の役割

こうして、人が神にすべきことをし、反対に神がなすべきことを実行する、それによって、神と人間相互の生活が成立するのです。神あっての人間、人間あっての神、この両者の関係が、「自然界」というとてつもなく大きいステージで展開されるのです。いっぽうなくしてもういっぽうの生活は決して成り立たない、それは双方の権利と義務の遂行関係というと少し大げさでしょうか。そこに、自然を媒介として、神、人間の役割がみごとに調和されたアイヌの人々の宇宙観の縮図がある、といえるのです。

「あの世」に対する考え方

　わたしたちは平気で「天国」「地獄」などいわゆる死後の世界の言葉を口にします。でも、その世界は具体的にどうなっているのか、よくわかっていません。いろいろな民族社会では、これに関してそれぞれ特有の観念があります。

　人類学や民族学などでは、死後の世界に関する考え方なり観念を「他界観」といいます。「あの世について」という質問に対して説明するために、ここでアイヌの人々の他界観について触れてみましょう。ここでは、説明の便宜上、人間が現実に繰り広げる地上での生活の空間を「この世」と呼び、死後の世界空間、つまり死者の国を「あの世」と呼びましょう。

　アイヌの人々は、この世を「アイヌモシㇼ」（人間の国）と呼びます。どの地方でもアイヌモシㇼといわれることに変わりはありません。しかし、それでは、あの世はどこにあり、何というか、となると地方によって違いが認められます。北海道での事例をくまなく調べ上げたわけではないので、はっきりということはできませんが、あの世のどこに存在するか、という点ではおおまかにふたとおりの意識があるといえるでしょう。ひとつは「地下にある」という考え、もうひとつは「天上にある」という考えです。

　「地下にある」というあの世を「ポㇰナモシㇼ」（下の方の国）といい、これについては久保寺逸彦氏や泉靖一氏などの研究報文にも

みられるところです。この意識は、日高地方の西部つまり沙流川流域を中心とした地方に伝承され、現在それを詳しく伝える古老も少なくありません。他方、「天上にある」あの世に関しては、一般に「カムイモシㇼ」（神の国）といわれるようで、最近の信仰研究のいくつかの文献にも報告されています。それによれば、浦河や静内といった日高地方東部の古老は、天上にあるあの世のことを「アヌンモシㇼ」あるいは「アヌンコタン」と呼ぶといいます。

　ついでにもうひとつの違いをあげてみます。あの世が「地下」であるにせよ「天上」であるにせよ、それはこの世で人間として普通以上の人生を送った者の行く国で、悪業をした者は決してその国に行けず、草木も生えず奇怪な鳥が騒ぎ住む恐ろしい世界に落とされてしまうといわれています。あの世が「天上にある」という地方では、その恐ろしい国が天上ではなく地下にあって、それを「ポㇰナモシㇼ」と呼ぶのだといいます。あの世が「地下にある」という地方は、それがあの世のさらに下の方にあり、「テイネモシㇼ」（ジメジメした国）というのだ、というのです。

　ところで、「地下」「天上」というあの世の存在空間に違いが認められるにせよ、あの世に行くための入口が必ずあること、またそこを通ってあの世に行った際、その世界の情景や環境は、「地下」でも「天上」でもほとんど変わりがありません。
　あの世に通ずる入口

アフンルパル（あの世への入り口、白老地方）

を「アフンルパㇽ」("あの世"に入る道の口)あるいは「オマンルパㇽ」(行く道の口)といいます。それがこの世には必ず存在します。写真は白老の人々のアフンルパㇽです。ひとつのコタンに1ヵ所あるというのではなく、ひとつのものが広域のコタン共有のものと意識されているといってもよいでしょう。

人が亡くなると、その者は多くの人々に見守られながら「葬送」という手続を経て、副葬品やほかの供物と一緒にあの世に向かうことになります。そして、死者の魂はアフンルパㇽを通り、あの世に行ってそこでまたよみがえるのです。あの世では、自らの祖先やかつてこの世の仲間であった人々が平和に暮らしているのだとされ、そこでの生活のようすを古老たちにたずねると、あの世ではこの世と全く同じ生活がなされており、人が人として存在し、着物をまとい、チセに住み、この世のコタンと同じようなコタンがそこに展開するのだというのです。この世にある自分たちのコタンをとり囲む周囲の山々や川さえも同じ情景のもとで存在することにもなるのです。

ただ、異なっていることは、あの世とこの世では季節や時間が逆になっていることなのだといいます。たとえば、冬に亡くなった人があの世に行くとそこは夏であったとか、この世での夜があの世では朝であったとか、になるのです。沙流川筋の古老が「秋方に亡くなったフチ(おばあさん)

墓(白老地方、左・男性　右・女性)

にクッカ（鍬）をもたせてやったのをみたことがある」と話してくれたことがあります。それはあの世では春先だからせめてあの世に行ってもすぐに畑を耕せるように、という意味がこめられているからなのでしょう。

　また、その沙流川筋の古老によると、時間ばかりでなく、あの世とこの世では人の気持ちも逆になることがあるのだといいます。この世で亡くなるまでの未練を残した気持ちも、あの世に行ってからはきれいになくなっているものだというのです。愛し合っている若夫婦がいて、夫が亡くなる前、妻に「お前だけが恋しい。未練を残してあの世に行くのだから、あの世に行ってもお前のことは絶対忘れない。あの世でも一人でいる……」と言うものではないというのです。あの世に行くと、気持ちが逆になり、前のことはきれいに忘れ、そこでまたよい連れ合いができることもあるので、そうなるとこの世に残された妻の気持ちを裏切ることになる、というのです。

　このように、アイヌの人々の他界観というのは、前の項で述べた「神」に対する観念と基本的には同じ考え方の上に成り立っているといえます。

先祖の供養をしたか

　日本の伝統の中では、お墓参りや仏壇に供物を添えて先祖をしのぶことが当たり前におこなわれています。若い人でさえ、盆や正月

あるいは法事の際、仏前で合掌するのが普通です。このような行為は、現在の人々と物故者とのあいだの精神的連帯には欠かせないのです。

アイヌの人々にそうした先祖を供養するしきたりがあるか、とよく聞かれます。結論からいえば、アイヌの伝統文化の中では、お墓参りや仏壇の前で手を合わせることは絶対ありません。だいいち、仏教自体がかつては普及していなかったのですから、仏壇などあろうはずがないのです。お墓は、それぞれのコタンごとにあるのが普通ですが、それでも「墓に参る」ということはしません。それがアイヌの伝統なのです。その伝統ゆえに、従来、アイヌ民族をして祖先への信仰心が稀薄で非人道的民族である、とアイヌ文化を知らない者によってものの本に書かれたこともありました。しかし、これは自分たちの文化しかわからない者の暴論でしょう。祖先を粗末にするどころか、大事に考え、敬う厚い心をもっていることにかけてはほかに類をみないといってもよいのです。

それでは、次にアイヌの人々の祖先に対する考え方、供養の仕方について簡単に触れてみましょう。

アイヌの人々が祖先に対しておこなう供養の儀式を「シンヌラッパ」(祖霊祭)といいます。ユカㇻやイオマンテと並び、アイヌ語特有の美しい響きをもつこの言葉はアイヌ文化を象徴するもののひとつとしてつとに知られており、みなさんもどこかで一度はお聞きになったことがありましょう。

シンヌラッパは、それだけの目的のために単独でおこなわれることはまずありません。アイヌの人々は一年を通じ、熊の霊送りや結婚式、葬式をはじめ数多くの儀式をとりおこないますが、そうした儀式と一緒におこなわれるのが普通です。また、古くからおこなっ

ていたかどうか、まだよくわかっていませんが、新しい年を迎えたとき、つまり正月にも盛大におこなわれます。

シンヌラッパをおこなうときは、まず、炉辺の上座にお神酒、団子、果

シンヌラッパ（祖先供養）

物、タバコなどをのせたお膳を用意し、長老が火の神に対してそれらの供物を少しずつ捧げながら、それらを祖先のもとにすみやかに届けてくれるよう願います。その後、フチ（おばあさん）たちが、供物を載せたお膳を１個ずつ持って戸口から外に出てヌサ（祭壇）や戸外の決められた場所に行きます。そこには、蓙が敷かれていて、それに座りながらフチたちが先祖に対してそれぞれの供物を少しずつ撒きながら捧げるのです。長老も、酒の入った杯を持ち、それを同じように捧げながら、「わたくしどもが用意し、捧げるこのよいものを受け取り、遠い祖先、近い祖先みんなを集めて、みんなで召し上がってください……」という旨の言葉を唱えるのです。

お神酒や供物を捧げ終わったら、その残りをみんなで少しずついただくのです。

祖先に捧げたものの残りを、人間が共にいただく、それはこの世とあの世の人々が喜びも供物も共にわかち合うことを意味するものであるから、必ずそうしなければならないとされます。それが終わったら、家の中に入って炉辺に座り、火の神に対して、無事シンヌラッパをとり終えたことを報告し、この供養の儀式が終了するのです。

こうしてみると、シンヌラッパの目的は、まず第一に、自らの祖先に対して酒、穀物、果物などの食料をおくることにあることがおわかりになるでしょう。

　あの世に暮らす祖先も、神と同じように食料を自分では作れないとされているので、あの世で何不自由なく暮らせるようにこの世からおくるのです。

　古老たちの話によれば、あの世で暮らす者で、現世（つまりこの世）に身寄りのない者は何も食べ物を届けてもらえず、あの世の川縁に座りながら、現世から送り届けられて舟に満載された食料をいつもうらやましがって見ているのだといいます。さらに、そのような者は浮遊の霊となって、あの世からこの世にやってきては、コタンの中を飛び廻るのだともいいます。いわゆる"ゆうれい"にまつわる伝承も人々の間に数多く伝えられていますが、それはとりもなおさず、この世の人々から食料を送り届けられない者がお腹をすかせ、人間の手によって食料を捧げてもらいたいためにこの世に現われるのだ、と古老たちは教えてくれます。そして、それを見たり、感じたりしたならば、必ずタバコや食べ物を少しでもよいからチャルパ（撒く）するものだ、というのです。

　古老たちはよく、自分たちの子孫が途絶えてしまうことほど恐ろしいものはない、といいます。

　裏を返せば、それは、前世の人々から食べ物を届けてもらえず、あの世に行っても生活に支障をきたすことを意味しているからなのでしょう。

祈りに用いる用具
―― イナウ（木幣）とイクパスイ（酒捧箆）――

祈りの際には写真のように、イナウ、イクパスイ、杯、酒を入れる片口などの用具が用いられます。この中で、イナウとイクパスイは絶対に欠かすことができない重要なもので、そのはたらきについてここで述べましょう。

人間の祈りは、そのまま直接、神に伝わりません。両者の間を媒介する伝達者がいるのです。それがイナウとイクパスイです。祈りの際、これらが必ず用いられるのはそのためです。

イナウは北海道のアイヌの人々の場合、ミズキ、ヤナギ、あるいはキハダ製が多く、マキリ（小刀）でうすく削って作ります。タイプは地方によって若干違いがあります。神に捧げるものですから、あて先の神の紋章や人間の家紋を刻むこともあります。イクパスイ

儀式用具（膳、杯、酒棒箆）

イナウ（木幣）

はいろいろな木で作られ、表には彫刻を施し、地方によっては裏面の先のほうにパルンペ（舌）と称する刻みをつけることもあります。

　祈るとき、人間は立てられたイナウに対し、左手で酒の入ったトゥキ（杯）をもち、右手でイクパスイをもって、イクパスイの先端に酒をつけ、それをイナウに軽く触れるようにつけながら祈り言葉を唱えるのです。

　そうすると、人間の言葉はイクパスイに伝わり、イクパスイはその言葉をイナウに伝え、イナウは、次のイナウを従がえ、人間の言葉と供物を伴って神の国に向かいます。人の目には見えずとも、鳥の姿になって向かうのだというのです。あて先の神のもとに着くと、これこれしかじかと良い心でもって人間が供物をもたせてくれた旨やら、人間の感謝の意や願いやらをこと細かく報告するのです。人間の言葉が多少つたなくても、イクパスイやイナウがじゅうぶん補ってくれるといいます。そして、神は人間からいただいた、たくさんのプレゼントを大勢の神々を招待してふるまうといい、集まった神々は心よい人間に感心し、きそってその人間の里を訪問するものだというのです。それは、つまりそれだけ人間に自然の恵みが与えられ、幸せが訪れることを意味しているのです。

クマ祭りとは何か

　アイヌ民族に「クマ祭り」が伝えられてきたことはみなさんよく

ご承知のことでしょう。でも、その実体については実をいうと、あまりよく知られていないのが現状なのです。ここで、まず、第一に理解していただきたいのは、アイヌの人々の信仰観と儀式の中味からいうと、「クマ祭り」という語は決してふさわしくないということです。正しくは「ヒグマの霊魂を神の国に送り返す儀式」なのです。ですから、わたしたちは「クマの霊送り」と呼ぶことにしています。アイヌ語でいうと、カムイオマンテ、あるいはイオマンテ、といい、日本語に直訳すれば、「神(つまりヒグマ)を行かせる」という意味になります。

　もっと正確にいうと、クマは神の国からやってきてこの世でクマという形に化身し、人間界を訪れにきた食料の神ですから、「人間の手で、その魂を親もと、つまり神の国にまたの再訪を願って送りとどける神聖きわまる儀式」となりましょう。

　この儀式には、大きく分けてふたとおりのおこない方があります。ひとつは、山でとったクマを送る場合、もうひとつは飼育した子グマを送る場合です。クマ猟を本格的におこなうシーズンは毎年初冬から早春にかけた時期で、主に穴ごもりしている成獣が対象とされます。穴の中には1～2月頃に生まれた子グマが一緒に入っている場合もあります。その子グマはけっして射ずに、あくまでも親グマだけを射るのです。子グマは里に連れて帰り、コタン総出で大事に飼育します。

　射った親グマの方は、山のキャンプサイトで解体して、その場で魂を丁重に神の国に送ったり、または、解体した後、肉や毛皮を背負って里に持ち帰り、里で盛大に魂を送ったりします。連れ帰って大事に飼育した子グマの方は1～2年ほどした後の2～3月頃にその魂を先に送った親グマの住む国、すなわち神の国に送り返すので

イオマンテ（クマの霊送り）

広場を引き回す

クマの神に供物を捧げる（3枚とも『蝦夷島奇観』）

す。

人によって、あるいはまた地方によっては、前者、つまり山でとった成獣グマをその場で送るのに限って「カムイホプニレ」、後者、つまり飼育した子グマを送るのを「イオマンテ」というように分けていうことがあります。ホプニレは（旅立たせる）という意味、イオマンテは（それ、つまり神を行かせる）という意味で、どちらも「神の国に送る」ということでは同じ意味といえるでしょう。

このような、山で射った成獣にしろ、飼育した子グマにしろ、神の国からやってきてクマという現世の姿に化身して人里を訪問しにきた、というふうに

人々は考えていましたから、決して殺すという観念はなく、山に猟に行くときも、あくまで「出迎えに行く」「受け取りに行く」というのです。

弓矢やあるいは鉄砲で射った後、解体に入った段階で魂が肉体から遊離すると考えられ、その魂をコタンに、または家に客人として招き入れます。

客人を家の中の上座側に安置し、コタンの人々が大勢集まって酒宴を

祭壇に祭られたクマ神

くり広げ、ユカㇻを演じ、伝統舞踊をおこなってその客人を数日にわたって手厚くもてなすのです。

その後、丹念に彫刻を施した花矢やきれいに削り上げたイナウ、多くの食料や酒、人々が宝物と考える太刀などのみやげ品をたくさんもたせ、自分たちのコタンを訪問してくれたことへの謝辞とまたの日の再訪を願う長老の祈り言葉とともに、客人の親・兄弟が住まう神の国に旅立たせるのです。こうした一連の考え方、儀式のとりおこなわれ方が従来「クマ祭り」といわれてきた儀式の正しい内容なのです。ですから、それだけみても、みなさん、「クマ祭り」という語より、「クマの霊送り」という方がよりふさわしいと思いませんか。

クマのほかにも送りはおこなわれるか

さまざまな動物の霊送り

イオマンテというと、ヒグマの霊送りだけがすっかり有名になってしまっていますが、実は"送り"という伝統的な儀式を踏まえて天上にある神の国に魂を送り返す儀礼はほかにもたくさんあります。対象とされるものもいろいろです。

まず、動物神を見てみましょう。動物神の中で最高の位にある神はシマフクロウです。これを人々はコタンコロカムイ（コタンを司る神）と呼んでいました。かつて、人々がこの鳥の魂を神の国に送り返す儀式をおこなっていたことは、古い文献にもありますし、また現存する古老の何人かも、実際幼い頃に見た記憶があるといいます。1983年、この儀式が道東屈斜路湖畔で70数年ぶりに再現され、マスコミを通じて全国的に紹介されたのを知っておられる方も多いことでしょう。ただし、古老たちの話では、シマフクロウの送りは、一番偉い神であるゆえに手順や態度がとても厳格なのだそうで、並いる長老の中でもとくにすぐれた人物でなければおこなうことができないのだといいます。また、明治中期に絶滅したとされるエゾオオカミも人々にとってはとても偉い神で、この神もシマフクロウと同じように厳粛に送っていたといいます。そのほかにも、ワシ・タカ、キツネなども丁重に送られたという事例も多くあります。

●神々とひとびと●

コタンコロカムイ(シマフクロウ)の霊送り(『明治初期アイヌ風俗図巻』函館市中央図書館)

 そして、このような人々が重要と考える動物神の魂を送る儀式は、それに要する時間や手順に一部違いがあるにせよ、だいたいヒグマの場合と同じようにおこなわれるのです。もちろん、ヒグマと同様、猟場で数人の人間によってそのまますぐに送られてしまう場合もありますし、また、それらの獲物(神)が幼鳥や幼獣であったならばコタンに持ち帰って飼育し、一年ほどたったあたりに送ることもあったのです。

●神々とひとびと●

神の里からきた客人、そして見送る

　人間が他家を訪問すると、その家のものは客人に対して親切きわまりないもてなしをする。それは人々の礼儀として当たり前のことでした。これと同じ考えで、山や海にいる神々に対しても客人と考え、もてなしをするのです。この辺をもう少し説明してみましょう。

　山には、シマフクロウやヒグマ、オオカミなどをはじめ、多くの神々が住まい、海にもまたシャチ、アザラシ、ウミガメ、クジラなどいろいろな神々がいました。このような陸海獣が住む山や海が、この世における神々の住まう里、すなわちカムイコタンなのです。猟場でこうした獲物をとる、といってしまえばそれだけのことになりますが、前に述べたように、人々には「殺す」「とる」という考えは本来ありません。神々は人間の里を訪れ、人間の手でもてなしを受けたいがために人間の前に姿を現すと意識していたので、狩猟することは、あくまで「受け取りに行く」「迎えに行く」ことだと考えられていたのです。ヒグマを例にとると、「毛皮という厚手の外とうをまとい、たくさんの肉を背負って、カムイコタンからアイヌコタンを訪問しにくる……」となるのです。

　大切な神の客人ですから、人々はその訪問を喜び、コタンあげて数日にわたって手厚くもてなし、そして帰りの際は可能な限りのおみやげ品をもたせ、訪問してくれたことに対する謝辞を捧げ、またの日の来訪を願う旨の朗々とした祈り言葉を捧げながら天上の神々のもとに旅立たせてやるのです。それが、イオマンテ、あるいはカムイホプニレという動物神の魂を送る儀式の内容なのです。

　ここにあげたもののほか、動物、たとえばシカやムジナ、ウサギなどをとったときもその魂を送ることをします。前記のような手間

ひまかけた厳粛なものではありませんが、それでもイナウや供物を少々捧げ、きちんと魂だけは神の国にもどしてやるのです。

ものも送る対象

「魂を神の国に送りとどける」という伝統的観念にもとづいた儀礼は、何も動物だけとは限りません。前にも触れたように、「この世に存在する事象には魂が宿っている」という原則的な考え方があります。ですから、人間生活に何の貢献もしないものは別にして、人間生活上の必需品(かたちのあるもの)がものとして役に立たなくなったとき、そのものの魂もまた神の国に「送り」という手続を経て丁重に返してやるのです。舟、雑器、臼や杵などの用具、守護用のお守り……人間が生活を営む上で作り出すありとあらゆるものが対象となり、とてもここにあげきれるものではありません。乱造、余剰生産というのは、かつての人々の間にはあるはずもなく、あくまで、必要だから作る、それが人間の暮らしに大きく貢献する、という観念ですから、壊れたり、年数が経って古くなったり、また種々の理由で必要がなくなれば、それはそのもののこの世における役割が終わったのだと考え、神の国に送ってやるのです。神の国にもどるとまた新しい生命が宿りそこでよみがえるのだ、と考えられていたのです。こうしたものの送りを通常、イワッテ(もの送り)といいます。

一例をあげます。勇猛な海の民、白老アイヌの伝統の一つ、「イタオマチァ(板綴り舟)の送り」の例です。

この舟が舟として役目を終え、送る際は、まず炉ぶちにイナウを立て、供物やお神酒を捧げながら火の神に「われらが尊敬する神、

火の神よ！ われらを育てる火の神よ！……これから舟神を神の親もとにお返しいたしますので、しっかりと送りとどけて下さい……」と祈り言葉を述べます。そして、浜の舟あげ場に行き、舟を解体し、チㇷ゚サパ(舟の頭、いわゆる舳先(へさき))にイナウル(削りかけ)をつけ、それを浜の清らかな場所に置き、供物を添え、お神酒を捧げながら「われらをふところにあたたかく包みいつも見守ってくれたニマンカムイ(舟神)よ！ われらを今まで守り、猟をさせていただいたことに感謝し……どうやら、あなたのこの世での役割が終わったようですので、われらが捧げるイナウや供物、このようなよいものをお持ちになり、まっすぐ振り返ることなく、祖先がお住みになる国にお帰りになり、そこで若返ってまた新しい役割にはげんで下さい……」と祈るのです。

ほかにどんな祈りの儀式があるか

　神への祈り、すなわちカムイノミは様々な儀式をとりおこなう際に必ずおこなわれます。何をするにも、重要な行動を起こす際には人間の意志をまず先に神に伝えなければならず、神の庇護に頼らなければならないのです。
　山猟のシーズンに入る前に、海猟、川漁にとりかかる前に、また結婚式や葬式の際に、そのほか、様々な儀式を通じてカムイノミが長老たちによっておこなわれるのです。

いろいろな儀式とそれに伴うカムイノミがどのような人間関係や集団を単位としておこなわれるのか、今のところまだよくわかっていません。あるカムイノミはコタン全体で、またあるものは数人の小グループで、さらに家族だけで、というようにカムイノミのおこなわれ方もいろいろでしょうが、次に、季節によってやや定期的におこなわれる傾向があるいくつかをあげてみましょう。

決められた時期に行われる祈り

1月頃　アシッパエックカムイノミ………その年のコタン、家の無
　　　　（新年の祈り）　　　　　　　　事を祈る。

　　　　シンヌラッパ………………………祖先の供養、祀る神への
　　　　（祖霊祭）　　　　　　　　　　　供養

2～3月　キムンカムイコオンカミ………イオマンテ（クマの霊送
　　　　（クマ神に対する祈り）　　　　り）

4　月　ハルエノミ ……………………豊作祈願、コタンの安全
　　　　（食料祈願）　　　　　　　　　祈願

6～7月　レパカムイノミ…………………沖漁に際する安全祈願
　　　　（沖漁祈願）

8　月　シンヌラッパ
　　　　（祖霊祭）

9　月　チェッカムイノミ………………秋ザケ漁を前に安全・豊
　　　　（秋ザケの祈願）　　　　　　　漁祈願

　　　　ペカンペカムイノミ……………道東塘路地方
　　　　（ひしの実収穫祭）

10　月　シンヌラッパ
　　　　（祖霊祭）
11　月　スサ_ムカムイノミ ……………鵡川・八雲地方
　　　　（ししゃも祈願祭）
　　　　キムンイラマンテカムイノミ……山猟の安全祈願
　　　　（山猟の祈り）

　このほかにたくさんあります。時期は定められませんが、家を建てる際にはあらかじめ建てる場所でチセコッノミ（地鎮祭）の祈り、建った後はチセノミ（新築祝）の祈り、結婚式や葬式の際の祈り、流行病の予兆があればその安全祈願、地震や津波、洪水などの天災のときの祈り、変死者（自殺者も含めて）がいれば抗議や一層の庇護を願う祈り、猟、漁があればそれに対する感謝の祈り、不必要になったものの「送り」の祈り、あるいはまた、遠くに旅立つ際におこなう安全祈願、実に多種多彩な祈りがあるのです。

　これらの祈りには、イオマンテ（クマの霊送り）のようにコタンをあげて、あるいはコタンを越えた範囲の人々が集まって盛大におこなう正式なものもあれば、ほんの家族だけで、火の神にそっと祈るという非公式なものまで、そのおこない方の次元もいろいろとあります。

　こうしてみると、一年というサイクルの中ではしょっちゅう祈りがおこなわれていることになります。そうなのです。とりもなおさず、「祈り」というのはアイヌの人々の社会において男性の一番重要とされる「仕事」なのです。男性の主たる仕事といえば、狩猟、漁撈である、というように第一に考えられがちです。しかし、それもさることながら、神の庇護なくして人間の生活が成り立たないというのが人々の基本とする考えですから、「神に対する祈り」こそ、

アイヌすなわち一人前の成人男性の最も必要とされる仕事なのです。

むら
の
しくみ

●むらのしくみ●

家族の構成

　アイヌの人々の伝統的家族がどのような構成で、どのような特徴をもっていたか、それを考えて行く際にまずはじめに気をつけなければならないことがあります。それは、第一に、江戸時代にすでに相当の数の和人が漁場労働や交易のために入り込んでおり、和人との結婚がなされたり、また、和人の子供をかなり多く養子にしていたことなどの歴史的事実がどの地方でも認められたこと。第二に、明治以降の開拓政策の中で、勧農促進策が進められ、生活文化が強制的に和人化させられたこと。第三には、同じく明治以降開拓農民やほかの移住者が来道し、生物学的にも和人に同化することがひんぱんになったこと。

　このようなことによってアイヌの人々の文化そのものが急激に変容していったことはだれでも認識しているでしょうが、こと「家族」という社会の最小の集団そのもののあり方もまた、その影響を受けて変容をきたしてきたのです。したがって、アイヌの人々の伝統的な家族構成がいかなるものであったか、ということを調査研究することがとてもむずかしく、北海道全域にわたった社会学なり人類学上の本格的な調査研究はあまりおこなわれなかったのが現状で、「家族」については実のところあまりよくわかっていないのです。そういったことを一応ことわっておきたいとおもいます。

　それでも、アイヌの人々の家族についての若干の伝承や文献など

から、かつての家族の基本をぼんやりとつかむことは何とかできます。以下にそのデータをもとに簡単に述べてみましょう。

アイヌの人々の家族は、夫婦とその未婚の子女からなり、一つの家の中に同居するのが原則だったとされています。息子や娘が大きくなれば、結婚した順から家を出て、男は別棟に居を構え、女は嫁に行く、という形態です。その点からいえば、社会学でいう「単一家族」ということになりましょう。

本州地方、とりわけ、東北・北陸地方あたりでは、長男が家を継ぎ、その長男がまた継ぐ、というようなことが当たり前におこなれています。そうなると3世代にわたる夫婦が同居することになります。これを「直系家族」といいます。アイヌの人々のあいだにはもともと、直系家族の形態がなく、かつては単一家族が普遍的であったとみてもよいと思います。

家長に相当する言葉にチセコロクル（家をもつ人）があります。チセ（家）は、昔は大きいものではなく、せいぜい大きくても2間×3間位の規模で、中は部屋の仕切りがない一家一部屋が原則でした。夫婦は炉の北側にゴザを下げて仕切りにした寝室に寝起きし、子供たちは南側に寝ていたといいますから、チセの規模、間取りからみても、かつては単一家族が住むに足りるぐらいの家でじゅうぶんだったのでしょう。「家族が多くなると、下屋を作って大きくした」という事例も多くありますが、このような家に張り出しを作るのは子供の数が非常に多い場合を除いては、おそらく後世の例ではないでしょうか。

子供が妻帯すると別の家を作って住むといいましたが、別に家を作る際は、同じコタンの中の両親の家の近くに作ったといいます。長男であっても妻帯したらそうするのですから、一番小さい子が最

後に残ることになります。その子が男の子であった場合は親の家にずっと留まったり、女の子であれば婿をとって親の家にずっと住む、という慣習もあったようです。その点で、「アイヌの家督は末子相続だった」といわれてきたこともあります。

しかし、相続となると、両親が亡くなれば父親の財産（家にある漆器、刀などの宝物や山の狩猟場や川の漁獲場の占有権など）は長男にゆずられるのが普通で、その家がコタンの草分けの家であれば、系譜上の本流の威厳は長男によって保たれていきますから、単純に「末子相続」といい切れるものではありません。また、母親の大事なもの（装身具や大事な晴着、仕事上の用具など）は娘たちに受け継がれていきます。男親のものは男子が、女親のものは女子が、それぞれ男女の系譜にしたがって伝えられていくのがアイヌの人々の生活上の基本だったのです。

一夫多妻制は本当にあったか

ものの本に、アイヌの男性は妻を何人も持つという一夫多妻制があったと書かれています。はたして本当だったのでしょうか。結論から先にいうと、それは本当だった、ということになります。たしかにアイヌの人々の社会では、一夫多妻制的な要素はあったのです。しかし、古老たちの話をとりまとめてみると、単純に一夫多妻制とみるのではなく、また別の要素がわかってきます。

夫を亡くすと、子供たちがまだ小さければ、妻はコタンの中で生活していくことが困難になります。山や海、川からの獲物を手に入れることができないことはもちろん、第一、人々の生活の中で最も重要である神に対する日々の祈りや儀式に支障をきたすのです。これらの重要な仕事は、すべて男性が主体となっておこなうものです。祈りや儀式に至っては、神との関係なくして平穏無事の生活が成り立たない、というのが人々の観念ですから、それができないということは、コタンの成員として家そのものを維持していけないことを意味しているのです。

　そのため、夫亡き後、子供を連れて実家に住んだり、実家の近くに新しい家を作って住んだ、という事例があります。またそのほかに、亡夫の兄やコタンコロクル（むらおさ）、そのほかコタンの有力者の世話を受けて暮らしたという話も多く聞かれます。つまり、あまり用いたくはないのですが、あえて通俗的にいうなら「妾」になるのです。

　アイヌの人々の社会では、男の系統（エカシイキッ）、女の系統（フチイキッ）の二つに親族的系譜が判然と分けられて意識されています。夫亡き後、妻が子供を連れて帰れば、その子供たちのうち、男の子の方は父方の伝統すなわちエカシイキッに伝わる祖印（エカシイトッパ）と重要な神の祭祀（パセオンカミ、ただしいずれも沙流川地方で使われている言葉）が変わることになるのです。それが変わるということは、祖先伝来の父方系譜上の伝統がそこでとぎれてしまうのです。

「先祖の供養をしたか」の項でも述べたように、人々にとって、系譜が途絶えてしまうことほど恐ろしいものはない、と考えられていました。ですから、亡夫の兄の世話になることは、亡夫とその兄は

共通する系譜上の伝統をもっていますから、その伝統が途絶えることなく子供たちに受け継がれていくことになります。よく調査した上のことではないので、はっきりということができませんが、コタンコロクルや有力者の世話になるというのも、その人々は同じエカシイキリの関係にあり、同じ伝統を有する人々だったのではないでしょうか。

こうした場合、夫亡き後も、その家はコタンの成員として祭事に参加し、コタンの生活を営み、やがて子供たちが大きくなれば夫がいたときと同じようにその家が再興されるのです。

一夫多妻ということがどうも誤解されている傾向があるようですが、このように、未亡人となった女性を、コタンの成員が子が独立できるまで世話をする、というのが本来の形態だったのではないでしょうか。といっても、別に妻とその子供たちは亡夫の兄や有力者といつも一緒の家で暮らすわけではないのですから、一つ屋根の下に何人もの妻がいてそれぞれの子供も同居するという大家族ではなく、実質上はあくまでも、単一家族がコタンにおける家族の基本であった、ということができましょう。

親族組織とその伝統
——エカシイキリとフチイキリ——

アイヌの人々のあいだには、家族を媒介にして成立する親族の系譜を父方、母方によって判然と分ける観念がみられます。祖父、父、

息子、その息子、というような父方の系譜を総じてエカシイキッ(祖父の系統)、祖母、母、娘、その娘とくり返される系譜をフチイキッ(祖母の系統)といいます。

　沙流川地方の例でいうと、エカシイキッには共通のエカシイトゥパ(祖印、一種の家紋で、木幣(イナウ)や酒捧箆(イクパスイ)に付けられる)とパセオンカミ(重要な祭祀、祖先伝来で、人にめったにみせない重要な神に対する信仰)のふたつが伝わっていきます。パセオンカミの対象はクマの神やシャチの神という動物神であったり、特定の山や場所の神であったりします。

　フチイキッにもまた共通の伝統が継承されていきます。その代表はウㇷ゚ソㇿといわれる下紐で、従来、貞操帯と訳されてきたアイヌ女性特有の一種の「お守り」です。初潮のあたりに母や祖母が作り与えるといい、その紐の数、長さなどの作り方の特徴が母方の系譜に伝わっていくのです。年老いて亡くなり、あの世に行く際も、これがなければ行くべきところに行けないという重要なものです。そのほかにも、女性として必要な衣服などにつける文様も子供のうちから習い覚えるものですから、その点ではフチイキッに伝わる伝統のひとつということができましょう。

　この側面からの研究はじゅうぶんになされておらず、このような親族グループがコタンの構造上、どのような機能をもっていたか、今のところよくわかっていません。本来的な特徴が過去の早い時期に変遷したため、先達の研究者がよく調査できなかったこともありましょう。しかし、かつてのコタンは、数戸せいぜい十数戸が単位だったといいますから、本来のコタンというのは、1コタン＝1エカシイキッあるいは多くて二つのエカシイキッ程度の血縁関係が基礎になっていたのではないかと考えられます。

●むらのしくみ●

コタンとはどういう意味か

　コタンは通常「むら」という意味をもっていることは皆さんごぞんじでしょう。ある有名な学者は kot-an-i（くぼ地ある所）が原義だといい、またある学者は蒙古語の gotan、ギリヤーク語の hoton に関係がある、といいます。しかし、その原義はよくわかっていません。

　一戸であってもコタンはコタンで、大きな河川や、河川が海に注ぐ河口付近に、かつては数戸ないしせいぜい十数戸程度の家々が点在し、一つの村落を形成していました。同じ主流の河口沿いにあっても主流に注ぐ支流と支流の間ごとにたいていはまとまっており、また海辺にあるコタンも、海に注ぐ河川と河川の間に比較的まとまっている傾向がありました。人々の間に、日本の国や郡といった行政上の連合組織を指す語がないことからみれば、あくまでコタンが社会生活上の単位であったのでしょう。

　そうした家々が建ち並ぶ村落という一空間を狭義のコタンととらえるなら、そこには家のまわりに、便所（アシンル）、食料保存庫（プ）、子熊飼育檻（ヘペレセッ）、祭壇（ヌサ）などがあり、共同の墓地（トゥシリ）、共同の水汲み場（ワッカタウシ）、共同の舟つき場（ペタル）もあります。現存する数人の古老がいうように、あるいはユカラ、ウエペケレといった口承物語にも描写されているように、そういうコタンの中央や上手にポロチセ（大きな家）があり、

●むらのしくみ●

古絵にみるアイヌコタン（『明治初期アイヌ風俗図巻』函館市中央図書館）

そこにコタンコロクル（むらおさ）が住んでいたとされます。

　さらに、日々の生活の糧を得る場所、つまり、1）シカやクマ、ウサギなどを自由にとる猟場、2）小魚やクジラ、オットセイ、メカジキ、マグロなどの大型魚海獣を捕獲する海の猟場、3）サケやマスを捕獲する漁場、4）着物をこしらえるための繊維とする樹皮や敷物の材料にするガマ、スゲなどを刈る場所、家をたてる際の材料—木材やカヤなど—を伐ったり、刈ったりする場所、薪を切る場所、5）食用や薬用のための山菜類をとる場所……、こうした様々な天然資源を得るための場所もコタンごとにある程度決められていました。白老コタンは白老の場所、千歳のコタンは千歳の場所とい

うように、一定の大きな地域圏が昔から決められ、守られてきたのです。そのような"資源調達の場"も広義にはコタンという意味の範ちゅうに入るのでしょう。資源調達の場をイウォルといいます。

ほかのコタンのイウォルと画する方法は、山であれば伝統的に山や丘の稜線、川であれば本流とそれに注ぐ支流別に、また海であればコタンの端々から海にまっすぐ延長し（それを海からは山と山の重なり具合で計る方法がとられていた）境界線などによっておこなわれていたといいます。

以上のような、狭義、広義を含めた概念で把握される情景が、コタンあるいはアイヌコタン（人里）なのです。そこから一歩踏み出して、ほかのコタンのイウォルを侵すことは厳重にいましめられていました。それがわかった場合、そのコタンは、ほかのコタンから談判を受け、代償としてとった獲物を提供したり、漆器や太刀などの宝物としていたものを提供しなければならないとされていました。

コタンのしくみ

よく質問されますが、正直いって一番むずかしい問題です。アイヌ文化の中でこの社会組織に関する分野は一番研究が遅れてきたといってよいのです。別な側面からいえば、相当古くから日本文化と接触して、伝統的な社会組織が変容し、先達の研究者が調査した明治以降、すでにこの分野をはっきりとらえることが不可能となって

いたのかもしれません。今のところ、古老たちからの聞き取り内容をもとにしても、古い時代のコタンの組織やしくみについて正確に復元することはできないのです。したがって、ここでは古文献や数少ない民族学的視点からのデータをもとに、ある程度推論を混ぜながら述べざるを得ないことをご承知ください。

和人文化との接触とコタンの再編成

　江戸時代になると和人との交易が盛んになってきました。また、和人資本による大規模な漁場経営がおこなわれると、人々はその労働にもかり出されました。時代はいつ頃からかよくわかっていませんが、このような経緯の中で、いつ頃からか、点々と別々のコタンに居住するよりも、1ヵ所にかたまって住むことが多くなりました。そうすることが、和人側にも便利だったからでしょう。江戸時代後半の記録にみられる20戸、30戸という数のコタンは、実はこうして集合したコタンといえるでしょう。そうなると、伝統的な組織がくずれてしまう可能性があります。そこには当然、文化の葛藤、融合、などといった現象が生じたことでしょう。儀式ひとつをとっても従来おこなってきたようにひとつにまとまってやるか、別々にやるのか、統治者をどこから出すか、いろいろと変容をきたすことは想像にかたくありません。

　松前藩は、自ら統治政策の一環として、手中におさめたコタンに「オッテナ」（または乙名）と呼ぶ代表者を任命し、その下にさまざまな用に従事する「コンツカイ」を置きました。また、数コタンを単位として「惣オッテナ」（または惣乙名）が置かれていました。藩政期の文献にそれらの名がよく出てきます。こうしてできたコタ

ンを、ある有名な学者は「強制部落」といっています。

こうした概念は、コタンの歴史的変遷を説明していく上で有効ですので、この概念をここでは使用して説明します。ただし、ここではアイヌ語をそのまま使って"コタン"と書きます。

自然コタンのしくみ（成員の人間関係）

交易に便利な海沿いのコタンは概して大規模に再編成された傾向がありますが、なかには原型をずっと保ったようなコタンもあります。日高地方の沙流川上流や静内川上流といった地方はそのようなコタンが戦後まで残っていたケースもあるようです。戦後まもない頃、日本民族学会で沙流川の共同調査がおこなわれ、データが報告されていますので、それを参考に、「自然コタン」の特徴をみてみましょう。

それによれば（といってもアイヌの人々の社会全体にわたって推論することはできませんが）、伝統的コタンは、さきに述べたエカシイキㇼを共通する家々によって構成されていたことが認められます。つまり、男性出自集団＝父方の系譜を同じくする人々がコタンの人間関係の基本となっているということです。それに他コタンや同一コタンから嫁いだ女性がその成員に加わるのです。

エカシイキㇼを共有する人々は、エカシイトㇰパ（祖印）やパセオンカミ（重要な神の祭祀）が共通ですから、コタンという地縁関係に血縁関係が投影されてコタンが運営されていくことになります。シンヌラッパ（祖霊祭・先祖供養の儀式）もイオマンテ（クマの霊を送る儀式）もあらゆる大規模な儀式は、血縁集団＝全コタン、という図式が基本となって遂行されていくことになるのです。

コタンには草分けの家（本家筋）があって、その家の長老がエカシイキㇼのリーダーとなり、1コタン＝1エカシイキㇼの場合、その者がコタンコㇿクルになるとされています。また1コタンに二つのエカシイキㇼのある場合は、それぞれのエカシイキㇼのリーダーのうちの雄弁で判断力がすぐれた資質をもったほうがコタンコㇿクルになるというのです。

　一つのコタンが一つのエカシイキㇼでかたまっている場合、他コタンからの外来者は、コタンコㇿクルに届け出、長老たちの前で、従来所持していたエカシイトゥパとパセオンカミを捨て、成員になろうとするコタンのそれを新しく受ける儀式をおこなうといいます。それが当たり前におこなわれていたということは、それだけコタンが血縁関係の濃い人間の集合体だったといえるでしょう。

　コタンコㇿクルは、血縁関係でかたまった社会の長なのですが、決して独裁者ではなく、外交、行政、司法といったコタンの運営の際に長老たちを集め、あくまで話し合いをしてそのまとめをしていく、というのが主な職務であったとされます。また、その職務は、沙流川地方の場合、その家に世襲されていくといい、適当な人材がいなかったり、なるべき者が幼かったりすると、同一系譜の長老が代行していくというのです。

　以上述べたように、1コタン＝1エカシイキㇼというように、コタンが同一の父方系譜集団によって構成されている場合は、概してまとまりのある運営がなされていたことでしょう。これが「自然コタン」の原則であったことが文献などから推定することができます。しかし、もっと地域を広げて、それがかつての伝統時代に普遍的であったか、ということは他地方のくわしい事例がないので断言でき

ないのです。

　さらに、「強制コタン」のように集合されたコタンでは、どの者がコタンコ゜クルになったか、ということもよくわかりません。先に述べたように、藩政期に松前藩は各コタンに「オッテナ」制をしきましたが、このオッテナとコタンコ゜クルが同一人物であったか、そうでなかったかについてもよくわかりません。現存する古老たちに「コタンコ゜クルは誰がなったか」と聞くと、それは、知識にすぐれ、判断力と雄弁さを備え、狩猟の業にもすぐれた人物だといい、決して世襲制ではないというような答えが返ってくることもあります。また、たとえばあるコタンのように、コタンコ゜クルの系統だと名乗る家が何軒もある場合もあります。

　とにかく、長い歴史の中で和人文化と接触した過程において、コタンの組織そのものが急激に変容し、社会組織なり構造という側面から伝統的なタイプを復元していくことが困難になってしまっているのです。といっても、私たちは、アイヌ文化研究史の中で、大きなエポックとなっているこの分野の研究をおき去りにするわけにはいきません。古文書を含めた文献をもっと調べ、伝承される物語の分析、可能な限りの聞き取りを通して、この分野にアプローチしていく必要があります。

| ひと |
| の |
| 一生 |

誕生

　生まれた子供はへその緒（臍帯）によって母親とつながっていますので、この世に一人の人間として生き始める第一歩としてそのへその緒を切らなくてはいけません。

　これはたいへんに難しいことで、その切る位置や出産から切るまでの時間によって、生まれてきたその子供の健康が左右されるといわれ、この時ばかりは、いかに安産であっても慣れた女性が指導しておこないました。子供に残ったほうのへその緒は、自然に落ちるまでさわらずにそっとしておきました。このへその緒は、たいへん大切なもので、出産をした母親は子供のへその緒が落ちるまで火のそばにも近寄れませんでしたし、落ちたへその緒を干したものはその子供の命を救う薬にもなりました。

　へその緒も無事に切れて、独立した人間となった子供は、皮膚に付いている汚れをきれいに拭き取ってもらいます。もちろん、このことについても時代による変化や、地方差による習慣の違いがあって、昔のことを良く覚えているおばあさんたちの記憶でも、ほとんどの場合生まれてきた子供はすぐに、あらかじめ用意しておいたぬるま湯の産湯に入れて、体をきれいに洗い、その後は新しく作った産着を着せたということですが、もう少し古い時代には、生まれてきた子供を産湯で洗わなかったこともあったようです。その場合は、子供が生まれると出産に立ち合った女性が水を口に含み、少しぬる

くしてから子供に吹き掛け、それから、人が着古して柔らかくなった清潔な布で拭き取ることを何回も繰り返して子供をきれいにしました。

その後は、これも人の着古した、とくに丈夫で長生きをしている女性が着古した柔らかい布にしっかりくるんでおきました。これは、アイヌ民族の信仰観からくるもので、神様の世界にも人間の世界と同じように、良い心を持った神様もいれば、悪いいたずらな

子供を背負う（＊）

心を持った神様もいると考えられ、その心のよくない神様は、人間と同じように強い者や汚い者にはあまり近づきたがらず、弱くてきれいな者に対しては悪さをしやすいと考えていましたので、生まれて間もない、何の力も持たない子供をあまりきれいにしておくと、ただでさえかわいらしい者なのだから、それらの神様に悪さをされて、子供が無事に育たないと思われていました。長生きをしている女性の着古した布を用いるのもそのためで、その人の持つ強い生命力を借りて子供を守るためなのです。

それで、生まれてきたばかりの子供に対する呼び方も人としての名前ではなく、"ぽろにくるまった物"とか"おしめの中の物"といったような少し汚い呼び方をしていました。

子供が無事に生まれた場合は何の問題もないのですが、難産の場合などは子供も疲れきって仮死状態で生まれてくることもあります。そうなると通常の方法では子供は本当に死んでしまいますので、物事を良く知っている男の人が神様に助けを求め、木で作った簣に子

供を入れて揺らしたり、冷たい水を口に含んでから子供に吹きかけたりして生き返らせました。この方法はたいへん効き目があるそうで、まったくの死産の場合は別として、仮死状態で生まれた子供のほとんどが息を吹き返して無事に育ったと伝えられています。

　無事に産声を上げ、子供が乳を欲しがるようになると、すぐには母親の乳を飲ませず、まず最初にフキの根を煎じた水を少し飲ませました。子供の胃や腸などの体内にある不純物を体の外へ出させるためです。そして、物を食べるようになるまでは母親の乳で大きくなりました。

　その後は清潔な布にくるみ、その上を紐で縛って動かないようにし、普段は揺り板に乗せて子供を育てました。紐で縛って手足をあまり動かさないようにして子供を育てる方法は、ほかにも多くの民族のあいだでおこなわれた習慣で、とくにアイヌ民族の特徴ではないのですが、揺り板は独特の形をしていて、これは単に子供を寝かせることだけが目的ではなく、この揺り板に寝かせて置くことによって、揺り板の神様に子供を悪い者から守ってもらうことも目的としていました。

成長

　子供は、生まれてもすぐには名前をつけませんでした。「誕生」の項でも説明しましたように、あまり早くから名前をつけて、その

子供の存在を知らせてしまうと悪い神様にもその子供の名前を覚えられてしまい、悪さをされてその子供が丈夫に育たないと考えられていました。ですから、はじめのうちは男の子と女の子とを言い分ける程度の呼び名があるだけで、子供個々人に対する固有の名前は少し大きくなってじゅうぶんに抵抗力がついてから、その子供のしぐさやくせなどの特徴をもとにして名前がつけられました。しかし、この名前も一生同じ名前でいるわけではなく、大きな病気とか、魔につかれるとかのいろいろな理由によって名前が変えられました。体の弱い人などは、大人になってからも名前を変え、中には何回も名前を変えた人もいました。

はじめに名前をつける年齢は定まっているわけではなく、また、何か特徴的な出来事を機会としてつけられるものでもないので、人によっては1～2歳の頃に定まった名前を持っていた人もいれば、3～4歳くらいまでいくつかの名前で呼ばれていて、ひとつの定まった名前のなかった人もいます。

子供が大きくなっても、とくに成人式のような儀式をおこなう習慣はなく、男の子はある程度の年齢になると男性のおこなう儀式への手助けとして参加が許され、それを間違いなくおこなえるようになると本格的な儀式への参加や山、海、川の狩猟への参加が許されて周囲からも大人として認められます。樺太（サハリン）の例では、男の子に限って小さい頃に前髪へ「ホㇷ゚チリ」というたくさんの小さなガラス玉を布に縫いつけた三角型の飾りを縛りつけ、何か特徴的な出来事をきっかけとしてそれを切り取ってもらうことにより、子供から一人前の男としての変わり目とした習慣がありました。しかし、それについてはわずかな調査報告と数点の資料及び数枚の写真しか残されておらず、写真で見る限りでは4～5歳ぐらいから10

歳を超える男の子まで同じように飾りをつけていますが、つけ始める年齢や、つける目的などの詳しいことはわかっていませんし、北海道のアイヌ民族の中には伝承も記録もありませんので樺太地方だけの習慣だったのかもしれません。一人前として認められた男性は髯(ひげ)を生やします。これは儀式へ参加する男性の象徴にもなりますので、口のまわりからあごにかけて長い髯を例外なくのばしました。また、髪形も子供の頃と大人とでは形を変え、大人になると前髪も頭頂の髪も剃ってしまい、耳の上から後頭部にかけてのみ髪をのばしました。

女性も男性同様に子供の頃と大人とでは髪形を変えましたが、女性は男性とは逆に大人になると頭全体に髪をのばしました。さらに女性はある年齢に達すると、口のまわりと手の甲からひじにかけて入墨をしました。この入墨をする年齢もとくに定まっているわけではなく、その子供の成長によって12～16歳ぐらいにかけておこなわれました。入墨は経験のある女性によっておこなわれ、まず口のまわりの入墨をする部分を良く切れる刃物で細かく傷をつけ、そこへ白樺の皮を燃やしてとった炭をすりこみます。炭をとる時には、小さく薄く剝いだ白樺の皮の中から傷や汚れのない部分だけを選びそれを少しずつ燃やしながら、良く洗って汚れを取り去った鍋の底や内側に煙をあてるようにします。この時、白樺の皮や鍋に傷や汚れ

遊ぶ子供たち（『蝦夷紀行』）

があったりすると、入墨をした後で傷口がいつまでもなおらなかったり、なおった後も入墨が醜くなるといわれていました。入墨は人によって一度で全部を入れてしまったり、2～3回に分けて入れたりし、年をとって色が薄くなった時などは入れ直

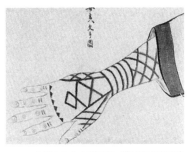

入墨をした女性の手（『蝦夷島奇観』）

しをしたりもしました。入墨は普通女性だけの特徴として行われましたが、一部の地方では、男性も眉の間に入れていた記録もあります。なぜ入墨をするのかという理由については幾つかの理由があげられていますが、はっきりとした起源はわかっていません。しかし、入墨をしなければ周囲から一人前の女性として認めてもらえず、結婚をすることも儀式へ参加することも許されませんでしたし、死んでからも普通の人の行く"あの世"へは行くことはできないといわれ、古い時代には女性はかならず入墨をしました。

結婚

男性は、自分で狩猟をおこなって食料などをじゅうぶんに集めることができるようになる17～8歳頃から周囲も一人前の男性として認めるようになりました。女性は、入墨も入れ終わり女性としての

●ひとの一生●

仕事をすることができるようになる15〜6歳頃に大人として扱われるようになりました。男女とも、そうした時期になると結婚が許されるようになっていたとされます。しかし、特別に何歳以上でなければいけないという決まりがなく、基本的には、男女双方とも社会の中での役割を果して行くことができる年齢になると結婚し、家族を持つことが許されていたのです。その時期がだいたい上記の年齢に相当するといってもよいのです。

　結婚の形態については今のところよくわかっていません。古い時代の言い伝えや物語の中では許婚(いいなずけ)による結婚もおこなわれていたようすがよく出てきます。その場合は、子供たちがかなり小さいうちから親や村の人たちが話し合い、大人になってからの結婚相手を決めており、かなり厳格に許婚との結婚がなされたようです。でも、昔のことを良く覚えている人の思い出話の中では、許婚がいても大人になってから双方で話し合って別の相手と結婚した例も多いようで、時代によって変化していたようです。また、一部の地方では娘

結婚式（＊）

が結婚の適齢期になると、その娘の家の近くに特別な形をした小さな家を建て、そこに娘が一人で住み、気に入った男性と結婚をし、しばらくはその小さな家に住み、2～3年経ってから村の人々に手伝ってもらって普通の形をした家を建てて生活をしたという結婚方法もありました。

その結婚が恋愛によるものでも許婚によるものであっても多くの場合婚約期間があって、その間に男性は女性に対して自分で彫刻をした小刀などを贈ったり、女性から男性に対しては、自分で縫って刺繍をした手甲や脚半などを贈ったりしました。

結婚式に当たる儀式は、物事を良く知っている男性によって執りおこなわれましたが、決して派手なものではなく、儀式の主体となるのは、火の神様にお願いしてこの人間の世界を見守っている多くの神々に対して、以後二人が無事に生活をし、子供を育てていけるようにという内容のことを頼むことで、多くの人々が集まって騒ぐようなことはしませんでした。結婚をする男性の家に村の人々が集まり、男性の家からと女性の家からそれぞれ相手の家に対しての形式的な贈り物が交換された後、火の神様をはじめとする多くの神様に対してお願いの言葉を述べ、一つの鍋で作った食事を一つの椀に盛り、それを結婚をする二人が半分ずつ食べることによって結婚式が終わりました。後は集まった人々に食事がふるまわれて結婚した二人を祝しました。

また、普通は女性の家に後を継ぐ者がいなかった場合などは男性が女性の家に行って住んだり、結婚をする男性の家にほかにも未婚の男性がいる場合などは、結婚をすると同じ村の中に別の家を建てて生活をすることもありました。この場合、最後まで家に残った者がその家の後継ぎとなり、年老いた親の世話もしました。

アイヌ文化の中では男性の系統と女性の系統がとても厳格に守られていて、男性は父親の系統を受け継ぎ、女性は母親の系統を受け継いでいました。ですから男性の持つ家の印によって、その男性がどの人々の系統にあたるかわかりましたし、女性も肌につける帯や刺繍の模様によってその系統がわかるようになっていて、たとえば母親どうしが同じ系統にあたるとか、父親どうしが同じ系統にあたる場合の男女の結婚は近親結婚になるとして許されませんでした。もし同じ村の中に結婚の許される相手がいない時は、別の村の人と結婚をすることもあり、物語の中で語られているように、女性が自分の身のまわりの物を模様の入ったきれいな小物入れに入れて背中に背負い、遠い村へ一人で嫁いで行くこともありました。しかし、その場合も古い時代から定められた同じ文化を持つ人々の地域があって、そこから出てまったく見知らぬ地方の人と結婚することはありませんでしたので、アイヌ民族の文化はあまり入り乱れることがなく、地方的特徴を強く残していました。

出産

妊娠したことを知った女性は、それとなく周囲の人々に知らせます。知らされた人々はその子供が無事に生まれてくるように、その妊婦を大切にし、妊婦のいる家では男の人が火の神様に安産を祈ります。

●ひとの一生●

　妊娠中は生まれてくる子供のために、実際的な面と信仰的な面の両面からいろいろと気を使わなければいけませんでした。

　たとえば、実際的な面としては重いものを持ったり、高いところのものを手や身体を伸ばして取ったり、はげしい労働をして身体にむりをかけることなどは、流産の原因になるので禁じられていました。ただし、あまり働かないでいると安産できないといわれ、適度な労働はしなければいけませんでした。とくに、臼を用いて穀物を搗く仕事については、これをなまけると難産になるといわれ、妊娠した女性は決してなまけることのできない仕事でした。

　信仰的な面としては、長いものをまたいだり首や肩からかけたりすると胎児の首にへその緒が巻くといわれ、荷負縄や綱のようなものを用いて仕事をするときはじゅうぶんに気をつけなければいけませんでした。また、刃物を懐へ入れると胎児の身体に切り傷ができ、妊婦が火事を見たり染め物をすると、生まれてくる子供の顔や身体に赤や黒のあざができるので、火事があってもそれを見てはいけないし、染め物もしてはいけないといわれていました。

　そのほかにも、直接安産には関係しないことですが、妊婦につらい思いや哀しい思いをさせて泣かせてばかりいると、生まれてくる子供の一生も泣いて暮らすようになり、妊婦が楽しく笑いながら妊娠期間を過ごすと子供も楽に一生を暮らすことができるといわれ、家族や周囲の人々は妊婦に対していろいろなことで気を使いました。

　出産が近づくまで妊婦は普通どおりの仕事をしていますが、妊娠期間も無事に過ぎ、いよいよ出産が間近になると家の中にお産をする場所を作り出産の準備をします。北海道のアイヌ民族の場合では家の戸口を入った左側の炉の下手に蓙を何枚も敷いてお産の場所とし、そこで出産をします。アイヌ民族の文化の中では助産婦を専門

とする人はいませんが、出産になれていて、しかもその人自身もお産の軽い女性が2～3人産婦を助けます。

出産はうつぶせになっておこなう所と、仰向けになっておこなう所と地方によって違いがありますが、一般的に座ったような形でお産をするのが主です。うつぶせになって出産するときはお産をする場所に蓙を丸めたものを置いて、それを抱え込むようにしたり、あるいは付き添って座っている人に抱き付くようにし、腰をうかして出産します。仰向けになって出産するときは付き添いの人によりかかるようにして出産します。お産の軽い人はそれだけで簡単に生むことができたのですが、少しお産の重い人は、家の梁から荷負縄を下げ、それを両手でしっかりつかんで力綱とし、出産します。

出産は、産む女性にとっても生まれてくる子供にとっても、人の一生の中で重大な出来事ですので、出産に際しては妊娠期間中よりも更に厳しい決まりがありました。その多くは信仰的な面での決まりでしたが、たとえば、漁猟の神様は汚れたものを嫌うので、生まれてくる子供の父親は山猟や海漁に出ることは許されませんでした。

出産のようす（＊）

もし山猟をおこなうために山の中で泊まっていても、妻の出産の日が近づいて来たら家へ戻らなければいけませんでした。そのほかにも、お産がおこなわれている家の周りでは音を立てず静かにしていなければなりませんでした。

　多くの場合、子供は神様に見守られて無事に生まれてくるのですが、時として難産になることもありました。お産の軽いときはそれほど難しいことはなく、決まったことを守っていれば良いのですが、難産になると産婦と生まれてくる子供の両方の命にかかわりますので大変難しい決まりを守り、更にいろいろなことをおこなわなければなりませんでした。

　普通の出産に際しては、男性はお産のおこなわれる家の中に入りませんが、難産になると男性が多くの役割を受け持ちます。まず物事を良く知っている年長の男性が、火の神様を通じて様々な神様に子供が早く無事に生まれてくるようにお願いをします。そして、家の中にある蓋の付いた器などはすべて蓋を取り除き、地方によっては家の戸口なども開け放ちます。これは、子供は戸口を押し開いてこの世に生まれ出て来るので、蓋や戸口を塞いだままにしておくことによって、子供が出てくるべき戸口も開かず難産になっていると考えられていたからです。

　産婦の側も臼の神様に早く生まれてくるようにお願いをし、あるいは実際に杵を持って臼を搗いたりします。それでも生まれてこないときは、神様の中でもとても力の強い便所の神様にお願いをするようなこともしました。

　子供が生まれると産婦はしばらくの間普通の生活には戻らず、家の中のお産をおこなった場所の近くで暮らします。その間は火の神様に対して失礼がないように火の近くには寄らず、炊事などもほか

の人におこなってもらい自分ではしませんでした。産後はそれほど難しい決まりはありませんでしたが、マスやクマの肉など、食べてはいけないものや、火や水を用いる仕事など、してはならないことの決まりはありました。

　出産も無事に終わり、産婦の身体も順調に回復し、産後の期間も過ぎると、その家の男性が火の神様に無事にお産が済んだことに対するお礼と、これからも母親と子供を見守っていただけるように話をし、その後産婦は普通の生活に戻ります。

死

　人は死ぬと"あの世"へ行って"この世"と同じような生活をすると信じられていましたから、人が死ぬということは単に物がなくなることとは違い、人の魂が身体から抜け出して、"あの世"へ行ってしまい、もとの身体へは戻らなくなることだと考えられていました。この現象は人間だけではなく、動植物や器物についても同じようなことが起こると考えられ、動植物の場合は死ぬとその動植物を司る神様の世界へ帰り、器物の場合も壊れることによってその魂が神様の世界や"あの世"へ行くと考えられていました。

　伝承の中では、人の身体から抜け出した魂は家の梁の上に座って"自分の身体"の周りで何人もの人々が泣いているのを少しのあいだ見ていますが、やがて暗い洞窟を通って"あの世"へと旅立ちま

す。死者の魂は"あの世"へ行くと、多くの場合"この世"へは戻ってこれないのですが、たまたま戻ってくることがあります。それは、死者の魂が身体を離れたとしても必ずしも死んだことにはならず、時々"あの世"から"この世"へ帰ってくることがあるからで、戻ってくるとまた梁の上に座っていて"自分の身体"を見ていて、やがてその"自分の身体"の上に魂が落ちるとその人は生き返ることになります。

一度死にかけた人も、魂が戻ることによって生き返りますので、人が死んだときにはしばらくの間静かにしていなければいけません。もし騒がしくしていると、せっかく戻って来た魂や、まだ"あの世"へ行かずに家の中にいる魂を驚かせてしまい、生き返ることをできなくしてしまいます。人が死んだときには、物事を良くわかっている男性が、迷わずに"あの世"へ行くようにさとす儀礼をおこないますが、それもしばらくのあいだ待ってどうしても死者の魂が戻ってこないとわかってからおこないます。

安置された遺体（後ろは副葬品＊）

古老からのお話や文献などから知りうる限りでは、人は死ぬと"あの世"へ行って生活をし、やがて時が経つと再び"この世"へ生まれてくると考えられていました。それで祖先に対する儀礼も、古い時代に亡くなった人は"この世"へ戻って来ているかもしれないので、自分から数えて5代も6代も前に亡くなった先祖に対してはおこないません。ただし、この死後の信仰観についてはわからない点が多く、たとえば"この世"で死ぬと"あの世"へ行って生活しますが、その時は"あの世"で生まれるわけではなく死んだときの年齢で"あの世"へ行くのに対して、"この世"へ生まれるときは赤子になりますし、"あの世"で死ぬことによって"この世"に生まれるわけではないようなので、"この世"と"あの世"を行き来するという考え方はあまり古い時代のものではないのかもしれません。

　人が死ぬことについてはいろいろな場合がありました。人は年老いると老衰によって死にますが、その場合は神様のようになって"あの世"へ行ったといわれ、最も自然で理想的な死に方とされ、ごく普通の儀礼によって葬儀をおこないました。

　そのほかにも人は様々な理由によって死にますが、その中には良くない死に方をする場合もあって、たとえば、山でクマに襲われて死んだ場合などは普通の死に方ではないので、死者の魂も簡単には"あの世"へ行くことができず、また、襲ったクマも人を殺したので神様の世界へ帰ることはできません。

　事故によって死者が出た場合も、なんらかの悪い神様によってなされたことなので、良くない死に方とされ、葬儀に際しても特別な儀礼によっておこなわれました。

葬儀

　死者がどうしても生き返らないとわかると、集まって来ている人々は葬儀の準備にかかり、同時に近くのコタンへ知らせを出します。人が死ぬときには、人間に対していたずらをしようとする悪い神様が近くに来ていることが多いので、知らせに出るときは男の人が二人一組で行き、コタンからコタンへと伝え歩きます。

　知らせを受けた人々は、早々と死者の安置されている家へと集まり泣きながら死者に別れを告げ、葬儀をおこなうために必要なものを用意したり死者に持たせる副葬品を作ったりします。

　死者は、家の戸口を入った左側の炉の下手に、頭を上手側に向けて、仰向けに寝かせて安置します。死者には死者用の装束をさせますが、着物を上下反対に着せたり、着物の裏表を逆に着せるなど地方によって違いがあります。また、死者用の靴や手甲、脚絆などをつける地方もあります。

　死者に対しては、物事を良くわかっている年長の男性が死者の行くべき"あの世"へ迷わずに行くようにとさとします。そうしなければ、自分からは"あの世"へ行きたくても行くことのできない死者の魂や、"あの世"へ行きたがらない死者の魂があって、"この世"へ迷い出て人間に対して悪いことをするからで、その迷っている死者の魂は何よりも恐ろしいものとされていました。

　いずれにしても、死者の魂はやがて"あの世"へ行って生活をす

ることになるわけですから、葬儀に際しては"あの世"へ行くときの道案内となる墓標をはじめ、"あの世"へ行ってから生活するために必要となるものはすべて副葬品として持たせます。副葬品は生活にどうしても必要な膳、箸のようなものと、死者が生前愛用していたものなどのほかに、死者が男性であった場合には漁猟の道具や刀など男性の必要とするものを、女性であった場合には仕事用の編袋や玉飾り、耳輪などの女性が必要とするものも必ず持たせます。もし持たせ忘れたものがあると、死者の魂が"あの世"から催促に来るので、持たせ忘れないようにします。

　家の中での葬儀が終わったら、死者は正装に必要なものを身につけ、葬儀用の蓙で包み、特別に編んだ紐でしっかり縛り、別の編紐で棒に下げて墓地まで運びます。死者を家から出すときには、家の一部を壊して外へ出したり、戸口から出したりします。家の壁を壊して外に出した場合は、死者が墓地へ向かったらすぐに壊した壁をもとに戻してしまい、また、戸口から外へ出す場合には死者の足か

墓地と墓標（＊）

ら先に出し、出てきた戸口の場所を見せないようにします。こうするのはもし間違って死者の魂が自分の家へ戻ってきても、家の中への入り方がわからないようにするためです。

外へ出した死者は親族の男性二人によって棒で担がれ、墓地へ運ばれます。墓地へは墓標を担ぐ人を先頭に、何人もの人が副葬品を持って列になって行きます。

墓地では先に行った数人が墓穴を掘って待っています。墓穴は小さすぎても大きすぎてもいけないとされ、死者の身体に合わせてちょうど良い大きさに掘ります。そこへ死者と副葬品を入れ、親族を始めとする送葬に参加した人々が土をかけ、最後に墓標を立てて上から水をかけて埋葬を終え、人々は後ろを振り返らずに家へと戻ります。

家へと帰り着くと戸口の前で自分の着ている着物を払い、墓地から自分についてきているかもしれない悪い神様を払い落としてから家の中に入り、火の神様に終わったことを告げて葬儀が終わります。

うたと
おどりと
遊び

●うたとおどりと遊び●

神へのおどり

　人々の日々の暮らしは、神々の守護と生活の糧があってはじめて平穏無事な生活が保証されるものと考えられていました。それゆえ、アイヌは、自らの家族、コタンの生活が平和に営まれるよう、多くの祭事を通して、神々への感謝の踊りをおこなっていました。さらに、踊りには、喜び、悲しみを神々とともに分かち合うための表現の意味もあり、日々の生活においてもたいへん重要な役割を担っていました。

　祭事で踊られるものは、「ウポポ―座り歌―」と「リㇺセ―踊り歌―」を基本として、多くは集団で踊られます。
「ウポポ」は、女性が輪になって座り、シントコ（漆塗りの容器）のふたをたたいて調子をとりながら歌うもので、様々な踊りが踊られる際の前奏として、場の雰囲気を盛り上げていくために歌われます。
「リㇺセ」は、踊りにあわせて歌われる歌とその踊りをいいますが、もともとは"ドシンという音をたてる"という意味で、村に何か変事があったときに、村人が隊列を組み、刀を上下にふりかざし、足を踏みならしながら行進する悪魔払いの行進（踏舞行進）がその元になっていると考えられています。

　たとえば、イオマンテ（熊の霊送り）では、神の旅立ちを祝い、儀礼の進行にともなって様々な踊りが踊られますが、さらに、深更

●うたとおどりと遊び●

神々への踊り（『蝦夷島奇観』）

に及ぶ宴においては、盛り上がるにつれ、誰とはなしに立ち上がって踊り出し、次第に大きな輪になって大勢で踊る「イオマンテリムセ―熊の霊送りの踊り―」が始まります。

また、まつりの準備作業にともなう踊りとして、酒をしぼったり、こしたりする作業を表現した「酒つくりの踊り」や、臼に穀物を入れて杵でつく動作を表現した「杵つきの踊り」があります。この「杵つきの踊り」の掛け声は、たとえば白老地方では"ヘッサホー"、あるいは"ヘッサ オ ホー"であったりします。単調な作業にこのようなリズムをもたせることによって、楽しみや能率アップをはかっているといわれていますが、ヘッサをフッサの転化と考えた場合、この踊りは呪術的な要素が強く感じられます。フッサというのは、悪魔を追い払うための一種の呪いの言葉なのです。

さらに、祭事の際に踊られるもので、"悪神への威嚇"の踊りが

あります。「エム₅リ₄セ―刀の踊り―」といわれるもので、男性が力強く刀を振りかざし、勇ましい掛け声とともに、相対する者が刀を激しくぶつけあい、ときには家の梁をたたいたりするもので、たいへん勇壮な踊りです。「クリ₄セ」といわれる弓の舞と同じく男性によって踊られる数少ない踊りです。

まつりの余興として踊られる踊りに、輪になった女の人たちがウポポを歌いながらお盆を回し合ったり投げ合い、それを競い合う踊り「ヘクリサラリ―盆送りの踊り―」などがありますが、最初は信仰から生まれた踊りも次第に楽しむための要素を含んだものとして発展し、そのなかで新しいものがつくり出されてきたようです。

その他、それぞれが自分の個性を出し合い、体力の続く限り踊り続け、最後まで踊り続けた人の勝という、勝敗を楽しむ集団での踊り、筋書きのついた劇のような踊りから、労働に関する踊りなどがありますが、さらに、狩猟採集民としてのその対象であった動植物をモチーフとして表現した踊りがたくさんあります。それらのうち代表的なものあげますと、

・鶴の動きをモチーフとしたもの……「サロルンチカ₇リ₄セ」
　　　　　　　　　　　　　　　　　「サロルンリ₄セ」
・水鳥　　　　　　〃　　　　……「ハンチカ₇リ₄セ」
・雨つばめ　　　　〃　　　　……「チャックピヤック」
・鳥を特定せず　　〃　　　　……「チカ₇ネ」「ハラ₇キ」
・キツネ　　　　　〃　　　　……「チロンヌ₇リ₄セ」
・ウサギ　　　　　〃　　　　……「イセポウポポ」
・ネズミ　　　　　〃　　　　……「エ₋ムウポポ」
・くじら　　　　　〃　　　　……「フンペリ₄セ」「フンペネレ」

・はんのき林の踊り　　　　……「ポンケネタイ」
　・どんぐり拾いの踊り　　　　……「シッコロカムイ」
などがあります。

　このうち、「フンペリㇺセ」は、海岸に打ち寄せられた"寄り鯨"を老婆が見つけるところから始まり、知らせを聞いた村人がさっそく集まってその鯨を解体していると、カラスがおこぼれをもらいたさそうにその周りを飛んでいる、という内容からなり、これは、あらかじめ望ましい結果を演じることによってその実現をはかるという、豊猟を祈願する呪術的な踊りであるといわれています。

　以上、ご紹介した踊りは歌と同様にその地方独特の形態をもっており、その種類は多種多彩で、現在も北海道内各地で伝承・保存され、国の重要無形民俗文化財に指定されています。

さまざまな楽器

　世界中の民族のなかで、楽器をもたない、あるいはもったことがない民族はまずまったくないといっていいでしょう。

　アイヌにももちろん楽器がありますが、ムックリと呼ばれる口琴のみが唯一の楽器であると紹介されることがあります。現在に伝わるのはムックリと樺太アイヌのトンコリと呼ばれる竪琴(たてごと)だけですが、古文書や古い絵などからは太鼓や笛といった楽器も存在していたことがうかがえます。ここでは現在伝わっていないものもふくめて紹

●うたとおどりと遊び●

介したいとおもいます。

ムックリ

　口琴、口琵琶ともいわれます。このような形態のものはジューズ・ハープと呼ばれ、世界中に分布しています。

　アイヌのものは竹でできており、長さが約10〜15cm、幅が1cmほどで、板状になっているものを素材に使います。その薄い板の中央に舌状の切り込みが入り、その根元に糸が結びつけられています。反対側の一端には指で支えるための糸がついています。

　演奏方法は、口に舌状の部分をあて、糸を引くことによって振動をあたえ、口の中で共鳴させて音を発生させます。糸を引く力加減や、口の開閉によって音色を変化させます。それは勢いよくもあり、また物悲しくもあります。そして、その音色が想いを伝える手段であったり、擬声語であったりと様々な意味をもっていたといわれています。

　江戸時代には、本州でも大流行したらしく禁止令なども出たそうです。

　また、樺太アイヌには金属でできたカニムックリといわれるものがあります。カニムックリには弁に結んだ糸はなく、弁そのものを指で振動させます。

トンコリ（カー）

　長さ1m前後、幅が15cmほどの5弦（一部に3弦あるいは4弦のものがあります）の竪琴です。樺太アイヌではトンコリと呼ばれ、

●うたとおどりと遊び●

北海道では北西部のみに存在し、カー（カーとは糸・弦の意味）といわれたそうです。腰を下ろし肩にたてかけて指で演奏します。

　トドマツ、イチイ、ナナカマド、ホウノキなどが素材となります。

　1本の材料を刳り抜き、中空にして、中央部に穴があけられている薄い板（鏡板）を貼りあわせます。その胴の中にはトンコリの魂として玉などが入れられます。弦にはイラクサの繊維を撚った糸が用

色々な楽器（松浦武四郎『蝦夷漫画』）

いられますが、古くはクジラ、シカ、トナカイといった動物の腱も用いられたようです。

　また、トンコリの各部所には、たとえば一番上は「頭」、弦を巻く棒は「耳」、鏡板の穴は「へそ」などと人間的な名称がつけられており、大事に扱われるもののひとつであったようです。かつては巫術を行うシャーマンが用いたのではないかともいわれています。

　江戸時代末期に書かれた『蝦夷島奇観』という本には、「カ　写生図」とともに「鯨神の曲」や「足高蜘蛛の曲」など30余りの曲があったと記されています。

●うたとおどりと遊び●

コサ笛

　江戸時代末期に北海道（当時の蝦夷地）を調査した松浦武四郎が書いた本に『蝦夷漫画』という資料があります。前頁にその一部をのせました。その図版では読みにくいのですが当時使われていた楽器の使われ方もあわせてのせられています。

　コサ笛は「ネシコニカレフ（胡桃笛）くるみの木の皮をむきて巻きしもの」と記されており、その笛を両手で持って吹くようすが描かれています。また、松浦武四郎の『久摺日誌』の挿絵に宴会で笛を吹いているようすが描かれています。

　なお、東京国立博物館所蔵のアイヌ民族資料の中には桜の皮を巻いたコサ笛が見られます。

草笛

　アイヌ語でワッカクトゥ（水筒）あるいはチレッテクッタラ（我々が鳴らす筒）と呼ばれる筒状の草があります。

　この草はヨブスマソウ（別名ラッパ草）といい、高さが１〜２ｍにもなり、葉っぱが鍬の形をしていて特徴的です。北海道では吹いて、樺太では吸って音を出すようです。

　『蝦夷漫画』に草笛の図も載せられています。

　それによると「鍬形草に似たるもの、葉をとり、引息する也」とあります。

太鼓（カチョ）

『蝦夷漫画』には「太鼓(タㇷ゚)　木を輪になし是へ海馬皮を張しもの也、片面なり」と書かれています。トナカイやシカ、アザラシ、トドなどの皮を円形にした木製の枠に張った太鼓です。皮は片面にのみ張られ、もう一面には皮紐が十文字に張られ、その紐をもって扱います。撥(ばち)はレㇷ゚ニといって、棒状で毛皮がつけられたものもあります。

シャーマンが用いるもので、太鼓を叩きながら巫術をおこなったのでしょう。

拍子木（レㇷ゚ニ）

ユカㇻなどの語りの調子をとるための棒で、演者のほか炉のまわりで一緒に聞く人も合わせて炉縁を叩いて調子をとります。前述のようなカチョ（太鼓）を打つ撥もレㇷ゚ニといいます。

鹿笛

正確にいうと楽器ではなく、狩猟の道具ですが音の出るものとしてあげてみました（p.64の図参照）。秋の交尾の時期にのみ使用します。木製で、吹出し口に魚や動物の皮が貼られています。吹いて皮を振動させて音を出します。雌鹿に似せたその音で雄鹿をおびき出し射止めます。

こういったものは楽器の発達を探る手がかりとなるかもしれません。

子供の遊び

「遊びは人間活動の本質」。子供は遊びをとおしてルールを覚え、協調性や行動力を養うなどいろいろな力を身につけ、社会にでる準備をするのだといわれます。わくわく、どきどきする楽しさはもちろんですが、負けたときには悔しがり、後悔をし、時には決断し、耐えるなどさまざまな経験をします。いっぱい遊ぶことで子供たちはいろいろな力を自然と身につけることができるのです。

　かつてのアイヌの子供たちの遊びも、楽しいということは当たり前ですが、伝統的な生業に関連するものが多くありました。

　男の子の遊びに「シリカッカチュ」とよばれる魚突きの遊びがあります。長い縄に枯れ草や藁などを束ねたものをつけ、それを一人が腰に結びつけて引っ張りまわし、ほかの子供たちが槍のような先の尖った棒で追いかけて、枯れ草などを獲物と見立てて突き刺すという遊びです。「ウコカリッチュイ」とよばれる輪投げ突きの遊びは、ブドウのつるなどで作った輪を投げ、それを竿で突き刺すもので、突く方と投げる方に分かれ、それぞれ失敗すると一人ずつ捕虜にとられ、だれもいなくなった方が負けるという遊びで、これは山猟のとき、獲物を的確に捕らえるようにするための遊びです。また、「クエシノッ」とよばれる弓遊びは、転がってくる輪やつるした貝などの標的を子供用の弓で射るものです。このように槍や弓を使う実践的な遊びがたくさんあり、道具は子供たちが自分のまわりにあ

る身近な材料を使って作ります。

基礎体力を作るものとして「アチキリテㇾケ」とよばれる遊びがあります。数人で片足を組んでケンケンをしながら引っ張り合うもので、足が外れて転ん

女児の砂遊び、衣服の文様を習う（『蝦夷島奇観』）

だものが負けとなります。足の筋力アップはもちろんのこと、体の平衡感覚などのバランスを養うものです。このほか「棒高跳び」や「高跳び」「縄跳び」などは、険しい山道を獲物を探し回るのに必要な基礎訓練になるわけです。

女の子は、砂や炉の灰、地面にモレウ文（渦巻き文様）などのアイヌ文様を描き、祖母から母へ、そして娘へと受け継がれた文様を覚え、着物を縫うまねごとをして裁縫の技術を身につけます。山菜や木の実の採集のまねごとの遊びもあり、妻の役割、母の役割を自然に身につけるわけです。

頭脳を駆使し、読みの力が鍵となるゲームに、ウコニロㇱキ（互いに木を立てる）という将棋のような遊びがあります。炉の灰に漢字の「田」のような線を描き、両端の線が交わる所に３本ずつ棒を刺して対戦するもので、棒をお互いに一手ずつ前後左右に進め、先に相手の陣地に自分の棒を３本並べた方が勝ちというもの。単純なゲームだけに勝つにはさまざまな戦略が必要です。

このように、遊びの中から男の子も女の子も自身の役割など、生活のノウハウを覚えていくわけです。

このほかにも、「かくれんぼ」や「鬼ごっこ」「ケン玉遊び」「相撲」「かごめかごめ」「ハンカチ落とし」などに似た遊びや、また雄弁さを養うための言葉遊びである「早口言葉」など、和人の子供たちと似た遊びがたくさんあります。

子供の遊びは、大人になるための大切な基礎を育む、宝庫なのです。

うたと口承文芸

アイヌの物語などは、伝統的に口伝えが基本でした。文字で書かれたものではなく語り手の表現、語り口によって臨場感あふれるストーリーが展開されます。アイヌの口承文芸の中でもユカㇻ（英雄叙事詩）が有名ですが、神話や昔話、伝説などの物語から、祈り言葉、あいさつの言葉、なぞなぞ、歌といったさまざまなジャンルの口承文芸があります。

盛んに語られ、謳(うた)われてきたアイヌの口承文芸もアイヌ語が日常的に使われなくなったことで、聴く機会も限られるようになりましたが、近年、アイヌ語復興が叫ばれる中、アイヌの口承文芸を取り巻く環境も変化し、子供から大人まで少しずつですが語り手も増えている状況にあります。

豊かなアイヌの口承文芸をいくつか紹介します。

ユカㇻ

「英雄叙事詩」や「英雄詞曲」などといわれ、レㇷ゚ニ（拍子棒）で炉縁を叩きながら、節をつけて語られる冒険物語です。「ハウキ」や「サコㇿペ」などとも呼ばれ、長いものでは３日３晩語っても終わらないものもあったといわれます。

　物語は、ポイヤウンペやポンオタストゥンクㇽなどと呼ばれる少年を主人公としたものが多く、主人公には両親がおらず、お姉さんやお兄さんに育てられるというところから話が始まります。何らかの機会に自分の生い立ちや、両親の死んだ理由を知り、やがて主人公は親の敵討ちに出かけ、幾多の戦いを経て目的を果たすというような内容が多くみられます。語り手によって、戦いの情景描写が細かく、血を流し、肉を切り、骨を砕き、内臓を引きずりながら戦う、というような内容を生々しく語るものや、戦いの部分はあっさり語り、自分の住んでいるチャシと呼ばれる城の描写を細かく語る場合があったりと、その語り手の最も得意とする部分を強調することによって、同じ物語でもまったく違う印象を与えるものも少なくありません。

　ユカㇻは、聞く人たちもレㇷ゚ニで拍子をとり、語りの合間に「ヘッ、ホッ」などというヘッチェ（掛け声）を巧みに入れながら、物語に参加します。

　ユカㇻの主人公は、人間なのに空を飛んだり、地に潜ったりとふつうでは考えられない超人的な要素があります。アイヌの人々にとって主人公は理想の人物ですので、この物語は「人間の詞曲」（アイヌユカㇻ）とも呼ばれます。また、女の子が主人公の「婦女詞曲」（マッユカㇻ）と呼ばれるものもあり、女性であっても武器

を持って男性と戦った話や、恋愛をメインとした話などがあります。

カムイユカㇻ

「神々のユカㇻ」と呼ばれ、神が主人公で、クマやシマフクロウ、オオウバユリなどの動物神や植物神、舟や臼などの物神、火や水などの自然神が語るものと、人間でも神がかった人間、アイヌラックㇽやオキクㇽミと呼ばれる人文神が語るものがあり、サケヘという折り返しの言葉をもって歌われる神謡です。地域によって、「オイナ」と呼ぶところもあります。

　サケヘは、語る神の形態や、鳴き声などの特徴を表現するものなどいろいろあります。

　たとえば、知里幸恵著『アイヌ神謡集』で紹介されているカムイユカㇻの「蛙が自ら歌った謡」では「トーロロハンロクハンロク！」という蛙の鳴き声がサケヘとして繰り返し歌われますが、意味の不明なサケヘも多くあります。また、「小狼の神が自ら歌った謡」のように「ホテンナオー」と「ピートゥントゥン、ピートゥントゥン」とサケヘが物語の途中から変わるなど、ひとつのユカㇻに2種類のサケヘが入るものもあります。

　カムイユカㇻは第三者が神様のことを語るのではなく、神様が自分自身の体験談を、節をつけて語る物語で、神様が失敗や成功したこと、嬉しかったり困ったりしたことなどを「私は…、私は…、」というように語られます。

　ユカㇻも同じように、アトㇺテイタㇰという丁寧でとても美しい言葉で語られます。

ウエペケㇾ

 一般に昔話や言い伝えのことをいいます。ユカㇻやカムイユカㇻと同じく叙事的なものですが、節もサケへもなく、日常会話に近い言葉で語られるのが散文の物語の特徴です。

 「トゥイタㇰ」や「ウチャシクマ」とも呼ばれ、短いものから、長いものでは2時間以上語られるものもあります。

 ウエペケㇾには、「神々のウエペケㇾ」も「人間のウエペケㇾ」も、自ら自分の身の上や体験を語ったもので、訓示的な話や怪談のような話などがあり、ユカㇻやカムイユカㇻよりも現実味のある話が多く、「川下と川上の者のウエペケㇾ」は日本の昔話にある「昔、正直爺さんと意地悪爺さんがありました…」というような、「花咲か爺さん」や「こぶとり爺さん」的な話で、川下の者が要領よく成功したことを聞いた川上の者が同じことをして失敗するというパターンで、なかには滑稽な内容のものも多いようです。

 また、「和人のウエペケㇾ」は和人との関わりのなかで取り入れたもので、使われる言葉も日本語が訛った形が多く出てきます。

イフㇺケ

 これは子守歌で、「ハタハアホーホー」「アフアー」などという囃子のような言葉を繰り返し歌ったり、「ホロㇿ…」と口の中で舌を転がせて出すホロㇽセという音色で子供をあやしながら歌われ、「イヨンノッカ」や「イヨンルイカ」などとも呼ばれています。

 歌の内容には「泣くのはおやめ、あまり泣いていると怖い鳥が来て、おまえをさらっていくよ、だから泣くのはやめて早く眠りなさ

●うたとおどりと遊び●

い」というような、子守歌の内容としてスタンダードのものから、「お前が泣いている訳は知っているんだよ、お前の父さんが交易に行ったまま帰ってこないのは、よその可愛い娘と仲良く暮らしているからで、おまえはそれを知っていて泣いているんだろう」などと、母親の嫉妬心を丸出しにした子守歌の内容にはふさわしくないものまでさまざまな内容のものがあるほか、歌詞がなくホロルセだけで歌われるものもあります。

　お母さんの膝の上や背中、また、揺り籠に揺られながら聞く子守歌は、暖かく心地よい響きで赤ちゃんを包み、眠りの中へ誘い込む呪文のようなものですね。

ウポポ

「座り歌」といわれ、お祝いや祭りのときなどに、女性たちが集まっていくつかのグループを作って円座になり、シントコという行器(はかい)の蓋を叩きながらリズムをとり、歌われます。

　地方によっては立って踊ることも、座って歌うことも「ウポポ」と呼んで区別しないところや、座って歌うのを「ロㇰウポポ」、立って踊りに合わせて歌うのを「ロㇱキウポポ」と区別して呼ぶところもあります。

　歌い方は、一人が音頭をとり、その後をいくつかのグループが少しずつ遅れて歌い始めます。「カエルの歌」などの輪唱と似た形態で、それぞれが前の人の言葉を取るように歌われます。これをウコウㇰ（互いに取り合う）といいます。

　ウポポを歌い続けているうちに、興が乗ってくると立ち上がって踊りになるということで、踊りの前歌的な要素があるといわれてい

ます。

 そのほかに、「酒造りのウポポ」「杵つきウポポ」「檻を廻るウポポ」「ねずみのウポポ」など、いろいろな内容の歌があり、なかには意味のない掛け声だけのものもあります。比較的短い歌詞のものが多く、曲調も地方によって違いがあります。

ヤイサマネナ

「ヤイサマネナ（自分の心を述べる）」という歌い出しで始まる「叙情歌」で、自分の気持ちを節をつけて即興的に歌うことから「即興歌」とも呼ばれます。

 嬉しい気持ちや困ったことなど、その時々の感情を歌にしたもので、内容も曲調も歌い手によって異なります。「ヤイサマネナ、ヤイサマネナ…」と、それだけ繰り返し歌うこともありますが、節の良いものは、それだけでも歌い手の心情が伝わってくるものだといわれます。

 また、昔、歌われたものでも、聞き手の心に残った歌がそのままの詞や節で歌い継がれているものも多くあります。

イヨハイチ_シ

「ヤイサマネナ」と同じ「叙情歌」のことですが「イヨハイオチ_シ」「チ_シシノッチャ」とも呼ばれ、悲しさなどの悲哀を歌うことから「哀傷歌」とも呼ばれ、「私の愛しいあの子は今頃遠いところでどうしているのか、苦労はしていないだろうか、それを想うと胸が締めつけられるようだ…」などと、その時々の切ない気持ちや、悲しみ

を自分の節で歌っていくものをいいます。

　これまで紹介したほかにも、リㇺセシノッチャ（踊り歌）、トゥスシノッチャ（巫女の託宣歌）、ヤイカテカㇻ（恋慕歌）、木遣歌や舟漕ぎ歌といわれる労働歌まで、いろいろな種類の口承文芸があります。

●より深く学びたい人へ
——参考文献や見学できる施設

●より深く学びたい人へ●

民族誌

■『アイヌ民族誌・上下』 アイヌ文化保存対策協議会編 第一法規出版 1969年（『アイヌ民族誌』 同 1970年）

　記念事業の一環として刊行された本書は、児玉作左衛門、高倉新一郎、犬飼哲夫、久保寺逸彦、林善茂、池上二良、伊藤昌一、名取武光、更科源蔵、鷹部屋福平、山田秀三といったアイヌ文化研究者の執筆によるものである。その内容は、次のとおり。アイヌの分布と人口／アジアにおけるかつての分布／アイヌ研究史／外国人のアイヌ調査／アイヌ政策史／北海道のアイヌ地名／アイヌ生体の特徴／アイヌの文身／アイヌの髪容／アイヌの計測的特徴／アイヌの頭蓋における人為的損傷／アイヌの人種所属に関する諸説／聚落／親族関係／法的秩序／争闘／住居／附属建物／仮小屋／アイヌ衣服の種類／アイヌ文様／アイヌ衣服文様の手法的分類／アイヌ衣服文様の形態的特徴／アイヌ衣服名称の地方差／アイヌ衣服文様の地方差／アツシの材料、機織および仕立／衣服の附属品／装身具／四季の仕事／漁猟／山菜採取／農耕／協業・分業／交換・分配／食料／発火・灯火／交通用具／旅行（履物）／通信／結婚／妊娠と出産／育児、命名、教育、成人／成年・成女／病気と治療／アイヌの死および葬制／挨拶・礼儀・作法／イオマンテ（くま送り）／アイヌの祖霊祭り（シヌラッパ）／家屋の建築に伴う儀式（チセイノミ）／その他のカムイノミ／呪術・巫術／イナウ／彫刻の文様／アイヌの歌

舞／遊戯／アイヌ文学／アイヌ語の輪郭／アイヌ語の文法

　アイヌの精神文化、物質文化のすべてが網羅されています。

　参考文献等が掲載されていないとの指摘、また刊行後生じた社会的問題などがありますが、刊行時までのアイヌ文化等に関する研究成果の集大成という立場は変わりません。

　現在でもアイヌ文化研究の必読文献の一つです。

◎以下、個々のジャンルにとらわれずに広くアイヌ文化を学ぼうという方には下記資料の一読をお薦めします。

　『更科源蔵アイヌ関係著作集』全10巻　みやま書房　1981年〜1984年

　『知里真志保著作集』全6巻　平凡社　1973年〜1976年（1993年、1995年復刊）

　『金田一京助全集』全15巻　三省堂　1992年〜1993年
　　第5巻〜第12巻がアイヌ関係

　北海道ウタリ協会編『アイヌ民族の自立への道』北海道ウタリ協会　1987年

　新谷行『増補アイヌ民族抵抗史』三一新書　三一書房　1977年（河出書房新社　2015年再刊）

　上村英明『北の海の交易者たち―アイヌ民族の社会経済史―』同文館出版　1990年

　札幌学院大学人文学部編『アイヌ文化を学ぶ』札幌学院大学生活協同組合　1990年

　砂沢クラ『クスクッㇷ゚　オルシペ――私の一代の話』北海道新聞社　1983年

　藤本英夫『アイヌの国から――鷲塚鷲五朗の世界』草風館　1986

年

違星北斗遺稿『コタン』草風館　1984年（増補版　1995年）

知里幸恵遺稿『銀のしずく』草風館　1984年（新装版　1992年）

藤本英夫『銀のしずく降る降るまわりに――知里幸恵の生涯』草風館　1991年

萱野茂『アイヌの碑』朝日新聞社　1980年（朝日文庫　1990年）

本多勝一『アイヌ民族』朝日新聞社　1993年（朝日文庫　2001年）

貝澤正『アイヌ　わが人生』岩波書店　1993年

アイヌ語

アイヌ語に関する参考資料は近年非常に充実してきました。辞書、文法書、独習書などに加え、ネット上で実際の音声なども簡単に聞けるようになってきており、本書の初版が刊行された1993年に比べて、学習環境は格段に向上しています。ここではその中で比較的入手しやすいものを中心にピックアップして紹介します。

辞書

■『アイヌ語千歳方言辞典』　中川裕　草風館　1995年

　ジョン・バチェラーの『アイヌ・英・日辞典』（1938）以来、初めて出版されたアイヌ語音引きの辞書―つまり普通の英和辞典と同

じような感じで引ける辞書です。語数は3700語と非常に少ないですが、千歳の白沢ナベさんの言葉を中心に、著者が実際に聞き取った例文を多数収録し、アイヌ語を学ぶ際に重要な自動詞・他動詞の区別など、文法的な情報を掲載しています。ローマ字表記が苦手な人をメインの利用者と考えて、アイウエオ順のカナ引きで、カナ表記主体・ローマ字表記補助の表記法にしてあるのが特徴です。

■『アイヌ語沙流方言辞典』　田村すず子　草風館　　1996年

　『千歳方言辞典』の翌年に出た沙流方言の辞書で、収録語彙数は格段に増えています。記述も正確・厳密で、文法情報も充実しており、現在最も信頼できる辞書でしょう。『千歳方言辞典』と対照的に、アルファベット順のローマ字引きでローマ字表記主体・カナ表記補助の表記法ですが、これだとカナしか読めない人には見出し語を探すこと自体が大変なので、カナ表記がある意味はあまりないと思います。

■『萱野茂のアイヌ語辞典』　萱野茂　三省堂　　1996年

　『沙流方言辞典』と同じ年に出た辞典で、扱っている方言も同じ沙流方言ですが、こちらは図版なども多数加えられており、文化的な情報が充実していて、読んでいてとても楽しい辞書です。例文は著者の萱野茂の作例によるもので、日常会話に役に立ちそうな文がたくさん含まれています。ただし、文法的な情報はあまりありません。カナ表記主体で、ローマ字は見出し語にしかついていないので、例文をローマ字で利用しようとしたら、自分で転写しなければなりません。

●より深く学びたい人へ●

■『アイヌ語方言辞典』　服部四郎編　岩波書店　　1964年
　上の３冊とはまったく違う性格の辞書で、当時の一流の言語学者が、基礎語彙調査票というものに基づいて、樺太ライチシカ方言を含む全道９か所を実地調査し、それに千島方言を加えた10地点の方言を、分類方式による日本語の見出し語のもとに一覧にしたものです。沙流方言や千歳方言、それに旭川方言などはそれなりに辞書が完備してきているのですが、その他の方言については、この『方言辞典』が唯一の頼りというところもあり、専門家にとっても必携の辞典です。表記はローマ字表記で、それ以降の辞書とちょっと違うところもあるので、若干とまどうかもしれませんが、信頼度は抜群です。

■『分類アイヌ語辞典　人間編』『同　植物編・動物編』　知里真志保　平凡社　　1975～1976年
　いわゆる音引きの辞書ではなく分類方式の辞書で、もともとはもっといろいろな分野のものが刊行される計画でしたが、著者の知里真志保が志半ばで亡くなったため、生前に刊行されたのは人間編と植物編のみでした。それに遺稿を編纂した動物編を加えて、平凡社から『知里真志保著作集』全４巻が刊行された際、別巻１、２として刊行されたものです。『人間編』は人体各部位や病気の名称などについて、『植物編・動物編』は、動植物の名前だけでなく、その利用法やそれにまつわる伝承などを、北海道・樺太の広い範囲にわたって収録したもので、アイヌ文化情報の集大成ともいえるものです。他の辞書には絶対見られないようなユニークな項目も満載しており、引くだけではなく読んでも面白い辞書です。

文法書

■『言語学大辞典セレクション　日本列島の言語』　亀井孝他編　三省堂　1997年

　書名のとおり、三省堂『言語学大辞典』(1988)から、日本列島で話される言語の項目を抜き出して1冊にまとめたものです。もとの『言語学大辞典』は一般の人が個人で買うようなものではありませんが、こちらは比較的入手しやすい価格になっています。もちろん日本語が中心ですが、最初の80ページほどは、田村すず子によるアイヌ語の記述が収録されており、おそらく現在最も正確で詳細なアイヌ語文法書となっています。中心は沙流方言ですが、人称接辞の一覧表など、それ以外の方言の情報も含まれています。ただし、もともと言語学の研究者を対象に編まれた辞書ですので、専門用語も数多く使われている上、80ページに情報がぎっしり詰め込まれていますので、通読するのはかなり大変です。

■『アイヌ語文法の基礎』　佐藤知己　大学書林　2008年

　練習問題などもついていて独習書の体裁をとっていますが、実際は厳密な記述言語学の方法で得た資料に基づいて編まれた文法書であり、著者の佐藤氏が千歳の白沢ナベ氏から聞き取った情報のみで構成された、千歳方言の記述言語学的研究の成果です。といっても、一般向けに書かれていますので、上記の『日本列島の言語』よりははるかに読みやすく、今、文法書としてどれか一冊を手元に置きたいということであれば、本書をお勧めします。

独習書

■『ニューエクスプレスアイヌ語』(CD付)　中川裕　白水社　2013年

　1997年に中本ムツ子氏との共著で刊行した『エクスプレスアイヌ語』を一新し、まったく新しく書き直したアイヌ語の独習書です。アイヌ語の現状を反映して、現在北海道でアイヌ語の継承活動を行っている親子3人に発音を録音してもらい、テキストもすべて3人での会話という設定で作成したものです。例文はすべて著者である中川の創作で、その意味ではいろいろ問題を抱えたものですが、アイヌ語をこれから生きた言語として活用していくためのさまざまな試みが加えられています。

■『カムイユカㇻを聞いてアイヌ語を学ぶ』(CD付)　中川裕・中本ムツ子　白水社　2014年

　2007年に刊行した『カムイユカㇻでアイヌ語を学ぶ』を、書名を変えて再刊したもの。おもに千歳地方に伝承されるおまじないの言葉や鳥の聞きなし、歌などを使ってアイヌ語の基礎的な文法を学び、千歳方言の話者である中本ムツ子氏の伝承するカムイユカㇻ「神謡」をまるまる1編暗唱しようという、『ニューエクスプレス』の中級版にあたる独習書です。『ニューエクスプレス』とともに、アイヌ文化に造詣の深い漫画家である成田英敏氏のイラストが、理解をさらに深めてくれます。

地名
■『アイヌ語地名の研究』全4巻　山田秀三　草風館　　1982〜3年（再刊　1996年）

　アイヌ語地名に興味のある人は、知里真志保の『アイヌ語入門』『アイヌ語地名小辞典』（ともに北海道出版企画センターから再刊）が必読書ですが、もっと本格的にアイヌ語地名の勉強をしたいということであれば、この『アイヌ語地名の研究』は座右の書にすべき論文集です。著者の山田秀三の地名研究法は他の追随をゆるさぬものであり、その厳密な調査方法に加えて、該博な知識に基づく革新的な発想（「太平洋種族」という提案など）は、アイヌ語研究にも大きな影響を与えてきました。読みこなすのはとても努力が要りますが、それだけの価値のある論文集です。

テキスト
■『アイヌ神謡集』　知里幸恵　岩波文庫　　1978年（ワイド版岩波文庫　2009年）

　とにかくこれを読んだことがないというのでは話にならないというほど、良く知られたアイヌ文学の名著。アイヌ人がアイヌ語で書いた最初の刊行物であり、その美しい文章で知られる序文とともに、「銀の滴降る降るまわりに」という第1話の冒頭の一句は、アイヌ文学を象徴するものとしてあらゆるところで引用されてきました。とはいえ、この中に収録されている話の内容をきちんと理解するためには、アイヌ文化のさまざまな知識が必要であり、一回読んでわかるというものではありません。その意味でアイヌ文化をどれだけ知っているかの試金石になるような一書です。

■『萱野茂のアイヌ神話集成』全10巻（CD付）　萱野茂　ビクターエンタテインメント　　　1998年

　萱野茂が収録したアイヌ語音声資料の一部を、アイヌ語テキスト・訳とともに、「カムイユカㇻ編」3巻、「ウエペケㇾ編」3巻、「ユカㇻ編」3巻、総集編1巻の全10巻・CD11枚に収録したもの。これだけの量の、しかもこれだけバラエティに富んだ音声資料を聞くことができるという点で、他の資料を凌駕するものであり、これを全部聞きとおすだけでも相当の勉強になります。ただしもちろんお値段は張るので、個人で揃えるのは難しいかもしれません。

歴　史

■『新版アイヌ政策史』　高倉新一郎　三一書房　　　1972年

　昭和17年に刊行された『アイヌ政策史』に加筆訂正を加え、さらに新かなづかいで再刊したもので、史料を多く引用し、松前藩治時代から北海道旧土人保護法制定にいたるまでの対アイヌ政策を詳述しています。この論考により著者は昭和19年に学位を授与されています。ただ、執筆当時の社会状況からか、不適当な表現がいくつかあることは否めません。しかし、引用史料の多いことは他の文献の及ばないところであり、さらにその精緻な考察から、アイヌ史を勉強するに当たっては必読の本です。巻末にある引用史料の解説も大いに役立ちます。

●より深く学びたい人へ●

■『アイヌの歴史』北海道の人びと［2］　榎森進　三省堂　1987年

「日本民衆の歴史」シリーズの一冊として刊行された本書は、その「あとがき」にありますように、アイヌ差別の歴史的構造とその実態の解明を基本におき、各時代ごとのアイヌ民衆が当面した問題や、そのなかでのアイヌ民衆の生きかたや考えに焦点を当てています。さらに、巻末には、アイヌに関する文献・史料が若干のコメントとともに紹介されています。アイヌ史を学ぼうとする方には是非とも読んでいただきたい本です。

■『アイヌの歴史―神と大地と猟人と―』　三好文夫　講談社　1973年

文芸作家である著者が川上地方のアイヌを中心に、アイヌに向けられた偏見を批判しつつアイヌ文化を紹介し、断片的ではありますが、歴史をも綴っています。他の文献ではなかなか知ることができない「ペニウンクル・コタンの移転問題」やそれに関連した「首長クーチンコロの話」などがあり、興味深い一冊です。

■『近代日本とアイヌ民族』　大阪人権歴史資料館編　大阪人権歴史史料館　1993年

国際先住民年を記念して開催された特別展「近代日本とアイヌ民族」の図録として刊行された本書は、近代日本におけるアイヌの現状、対アイヌ政策および抑圧、差別、偏見に対するアイヌ民族の活動等を、関連する文書、写真、図書などの史資料を図版として多く掲載して紹介しています。さらに、それらの史資料の所蔵先も掲載されていますので、原本を見てみたいという方には参考になります。

■『アイヌ文化成立史』 宇田川洋 北海道出版企画センター 1988年

アイヌの歴史に関する本は、どちらかというと前近代、近代、そして現代をステージとした記述のものが多くありますが、本書は、考古学者である著者が北海道の土器文化を通してアイヌ文化の成立を論じています。土器文化の紹介に多くのページを使い、さらにその説明もかなり専門的なものとなっていますので、考古学に興味のない方にはちょっと難しいかもしれませんが、アイヌ文化の前段階としての土器文化はどうしても踏まえておきたい時代です。

衣

アイヌの衣服に関する記事は、17世紀から少しずつ書かれていましたが、19世紀初めの文政6年に書かれた『蝦夷生計図説』が衣生活に関して最も詳しいといえます。古い文献ではこの書物が参考になると思います。

■『蝦夷生計図説』(復刻版) 北海道出版企画センター 1990年
『蝦夷生計図説』は『蝦夷産業図説』ともいわれています。この本は、『蝦夷島奇観』を書いた秦檍丸(村上島之丞)が書いており、それに秦貞廉(村上貞助)と間宮倫宗(林蔵)らが補って仕上げたものです。図説と題されているように、物や動作を図にかいて示し

てあり、また、文章も図の解説だけでなく、次のように詳しく書かれています。

☆樹皮衣としてのオヒョウの採取から、糸つむぎ、織りのこと、反物のこと、衣服を製作することまで、順を追って記されています。

☆衣服も９種類に分類して書いています。

☆晴着と日常着をはっきり分けています。

このほかの古文書には、一冊の本に５行から６行程度で、「和服のようである」とか、「木の皮で作ったもの」「獣皮を身につけている」などと記されていますが、これは男性が見ているので、この程度の記述になっているのでしょう。

次に、江戸時代の終わりから明治にかけては、松浦武四郎が書いた『蝦夷漫画』がありますが、そのなかには『蝦夷島奇観』から写したものもあります。それから、西川北洋が19世紀末に描いた『明治初期アイヌ風俗図巻』という資料があります。

昭和に入ってからの文献では、次のものが参考になるでしょう。

■『アイヌ芸術』（復刻版）　北海道出版企画センター　　1973年

杉山寿栄男、金田一京助により昭和18年に出版され、さらに昭和48年に復刻された本書は、『服装篇』『木工篇』『金工・漆器篇』と３冊に分かれており、それぞれ拓本と写真による図版とその解説で構成されています。服装篇は当時の写真としては、かなりよく写っています。1993年にも復刻されました。

●より深く学びたい人へ●

■『アイヌの衣服文化』 アイヌ民族博物館　　1992年

　アイヌ民族博物館第8回企画展「アイヌの衣服文化」の図録として刊行されたもので、「アイヌ民族の衣服」と題した解説に始まり、アットゥシ、チカルカルペ、ルウンペといったアイヌ民族の代表的な着物や、蝦夷錦とよばれている山丹服などがカラー写真で紹介されています。文様部分の拡大写真も何枚かありますので、文様の勉強にはおおいに役立ちます。また、巻末に「アイヌ民具を収蔵・展示している博物館・資料館」がありますので、さらに多くのアイヌ衣服を見たい方には参考になります。

　アイヌの人々の食生活がどのようであったのか、この章をお読みいただいておわかりいただけたかと思いますが、さらに深くお知りになりたい方には次の本をお薦めします。

■『聞き書　アイヌの食事』 農山漁村文化協会　　1992年

『日本の食生活全集』の別巻で、刊行までに数年を要した本書は、アイヌプリ（アイヌの風習）のなかに生き、その伝統文化をいまに伝えるアイヌのフチ（おばあさん）たちからの聞き取りをもとに、北海道日高の静内・浦河地方を中心に、樺太（サハリン）、白老といった地方のアイヌの食生活、食文化を紹介し、併せて、フチたち

の暮らしをも綴っています。また、巻末には食べ物についてのウエペケレ（昔語り）が2編収録されています。

ただ、本書は、その「はしがき」にもあるように、昭和初期の食生活を再現して記録することを目的としているため、いわゆる近世に時代をおいたアイヌ独自の食生活の紹介ではありません。

いままでどちらかというと、信仰、狩猟といった男性に関係したアイヌ文化を紹介した本が多かったのですが、食生活・食文化を通してアイヌ文化における女性が担う部分を知ることができる格好の本といえます。

■『アイヌと植物（食用編）』アイヌと自然シリーズ第2集　アイヌ民族博物館　1989年

アイヌ民族博物館では、アイヌ民族と自然の関わり─動物・植物などとの関わり─について、古老の語る伝承事例をあげながら、写真でわかりやすく紹介しようと「アイヌと自然シリーズ」を刊行していますが、本書はそのなかの一冊で、ギョウジャニンニクをはじめとして、32種の食用植物が古老の語る食べ方とともに、きれいなカラー写真で紹介されています。ヒエ、イナキビ以外はすべて野草ですので、北海道の山野に行かれるとき、この本をお持ちになると役に立ちます。

●より深く学びたい人へ●

住

　残念なことに、現在ふつうの本屋さんで入手できるチセについての本はほとんどありません。ですから、ここで紹介する本は古書店で購入するか、あるいは図書館や博物館などで探してみてください。

　それから、本を読んでもなかなか感じがつかめない、実物が見たいと思う方もいらっしゃるのではないでしょうか。そこで、復元したチセを見学できる施設を紹介しますので、興味のある方は訪ねてみて下さい。なお、入場料や休館日など詳しいことは直接問い合わせて下さい。

■『アイヌ民家の復原　チセ・ア・カラ』　萱野茂・須藤功　未来社　1976年

　チセを建てていく過程が写真入りで詳しく解説されています。場所の選定、材料の採集、骨組みの形態や屋根葺きの方法、それに付属施設の建築のようすなどその工程が実によくわかります。「家の建て方」のなかで規模の大小によって屋根を組む工程が異なると説明しましたが、この建て方の違いについても写真で解説しています。

　この本のもう一つの特徴は、アイヌ語と日本語で解説文が構成されていることです。文を対比させることにより、チセの部分名称や材料の名称などアイヌ語で何というのかを知ることができます。

● より深く学びたい人へ ●

■『アイヌの住居』 鷹部屋福平 彰國社 1943年

　著者である鷹部屋福平が北海道各地のチセを調査した結果をまとめたもので、本格的にチセのことを調べようとするときには必要な本のひとつです。内容としては、チセの建築工程、各部の名称と構造の特徴、付属施設、それに地方差などについて解説しています。実際に建っていたチセを調査しているため、今となっては非常に貴重な記録になっています。ただし、問題はこの本を所蔵している施設がなかなかないことです。探すにはちょっとたいへんかもしれませんが、興味のある方にはぜひ読んでほしい本です。

■「アイヌ家屋の調査」『アイヌ民俗資料調査報告』 高倉新一郎 北海道教育委員会　1968年

　チセの種類や建築方法、付属施設についてコンパクトにまとめられています。25ページほどですから、チセの全体像を把握するには便利な本です。ただし、この本も入手困難ですから、大きな図書館や博物館に問い合わせてみたほうがいいでしょう。

　チセを見学できるおもな施設
〈野外施設〉
■アイヌ民族博物館（白老ポロトコタン）2018年3月まで
　〒059-0902　北海道白老郡白老町若草町2-3-4
　TEL 0144-82-3914
■平取町立二風谷アイヌ文化博物館
　〒055-0101　北海道沙流郡平取町二風谷61
　TEL 01457-2-2892
■萱野茂二風谷アイヌ資料館

〒055-0101　北海道沙流郡平取町二風谷79
TEL 01457-2-3215
■川村カ子トアイヌ記念館
〒070-0825　北海道旭川市北門町11丁目
TEL 0166-51-2461
■アイヌ文化の森・伝承のコタン
〒071-1200　北海道上川郡鷹栖町字近文9線西4号
TEL 0166-55-9779
■野外民族博物館　リトルワールド
〒484-0005　愛知県犬山市今井成沢90-48
TEL 0568-62-5611

〈屋内展示〉
■北海道博物館
〒004-0006　札幌市厚別区厚別町小野幌53-2
TEL 011-898-0456
■国立民族学博物館
〒565-8511　大阪府吹田市千里万博公園10番1号
TEL 06-6876-2151

●より深く学びたい人へ●

> 神々と
> ひとびと
> 付　ひとの一生

「神々とひとびと」の章では、神に対する考え方を中心に、その信仰観、他界観、各種儀礼などを見てきましたが、次に紹介する本は、それらをさらに詳しく、あるいは人の一生という流れのなかで紹介しています。

■『アイヌ、神々と生きる人々』　福武書店　　　1985年

　藤村久和の著。「神々とアイヌ」ではじまる本書は、アイヌの人々の一生を平易な文章で綴りながら、併せてアイヌの信仰観、世界観を紹介しています。これまで出版されたアイヌに関する本は、アイヌの生活や信仰、口承文芸だけの記述が多かったのですが、本書は、折にふれ、それらを現代のものにあてはめ、比較しながら書かれています。さらに、本書の特徴のひとつとしてあげておきたいのは、カタカナが少ない——アイヌ語表記が少ないということです。アイヌのことを知りたいけれども、どうもアイヌ語は苦手だ、という人にもお薦めできる本です。

■『アイヌの足跡』第九版増補　アイヌ民族博物館　　　2003年

　本書は、著者の満岡伸一が明治45年に白老に来住、以後、同地にて多くのアイヌの古老に接し、その見聞したことを書き記したもので、白老地方のアイヌの習俗を多くの挿画とともに紹介しています。

大正12年にガリ刷の私家版として初版刊行以来70年の間増補改訂を重ね、現在、第九版（満岡章編）がアイヌ民族博物館より刊行されています。

なお、『シラオイコタン―木下清蔵遺作写真集』という本がアイヌ民族博物館より刊行されています。これも白老のアイヌの人々の生活を記録したもので、先の『アイヌの足跡』と併せて読まれることをお薦めします。

■『イヨマンテ―熊の霊送り―報告書』　アイヌ民族博物館
1990年

アイヌ民族博物館が文化伝承の一環として、1989年1月に実施したイヨマンテ（熊の霊送り）を記録した本です。報告書という本の性格上、やや堅苦しさがありますが、儀礼で用いられる神への酒や供物、イナウ、花矢をはじめとする諸用具のつくり方とその種類の記述など、儀礼前日までの準備にはじまって、儀礼当日、そして後日の祖霊祭と、それぞれが儀礼の進行にしたがって詳述されており、アイヌの古老の指導のもと、かつて実施されたイヨマンテをできるかぎり再現し、それを伝承・保存しようとする真摯な雰囲気が伝わってきます。読み進むうちに、実際に自分も儀礼に参加しているような、そんな臨場感を味わうことができるのではないでしょうか。

ただ、この本は刊行部数が少なく、大変入手が困難です。道内の大きな博物館に行くとだいたい見ることができると思われます。

■『写真集アイヌ：二風谷のウトムンヌカラとイヨマンテ写真集』
国書刊行会　　1979年

昭和52年2月、北海道の平取町二風谷でおこなわれたイヨマンテ

の記録を中心に、チセ　ア　カラ（家造り）、アイヌの結婚式、そして二風谷の風景を写真で紹介したものです。アイヌの習俗には地域差があり、たとえばイヨマンテにしても、ヌササン（幣場）に祀る神々、神々への祈り言葉などにおいて違いが見られます。本書と先に紹介した文献をあわせてお読みになると、その地域差―とくにイヨマンテについて―を白老と二風谷との比較で見ることができます。

うたとおどりと遊び

　ここ数年、それまで録音状態で保存されてきたユカㇻをはじめとするアイヌの口承文芸の活字化が盛んになってきました。しかし、それらの多くは教育委員会などの調査事業報告書として刊行されているもので、部数も少なく、一般の人には入手しがたいものとなっています。また、これまでにも、金田一京助、知里真志保、久保寺逸彦といった著名な研究者による和訳本が出版・刊行されていますが、これらも出版・刊行されてからかなりの年数を経ているので、古書店などにいかなければ入手できない状況です。

　ここで紹介する本は比較的入手しやすいものです。ぜひ一度、ご覧になってください。

■『カムイユカㇻと昔話』　小学館　　　1988年

　北海道平取町二風谷にある「萱野茂アイヌ記念館」の館長であった萱野茂が、数十年にわたって採集したカムイユカㇻ、昔話、子守歌など51編を紹介した本です。最初に「アイヌと神々の世界」と題して、アイヌと神々との関わりを述べ、さらに、その「あとがき」に「各作品の末尾に解説ページを設け、その作品のテーマ、作品の背景、アイヌの風習について、私の長い実生活の体験をもとに解説し、また作品に登場する民具について、その材質、使用法などを記し、下段にその民具の図版を掲出した」とあるように、実に豊富な内容となっています。全編、漢字にルビがふられていますので、小学生にも読むことができます。ご家族全員で楽しんでください。

■『静内地方の伝承』Ⅰ～Ⅴ　静内町教育委員会　　1991～95年

　北海道日高の静内に生まれ育ち、口承文芸はもちろんのこと、アイヌの生活習慣全般にわたって伝承されていた織田ステノフチ（おばあさん）のユカㇻを紹介した本です。フチのユカㇻをカタカナ、ローマ字で表記し、行ごとに日本語の対訳をつけています。ユカㇻをアイヌ語で読んでみたいという方にはお薦めしたい本です。

■『アイヌ文学の謎』　更科源蔵アイヌ関係著作集Ⅶ　みやま書房
　1982年

　かつて、『アイヌ文学の生活誌』（NHKブックス）として出版されたものですが、挿入されていた写真をはずし、新たに著作集の一冊としたものです。アイヌが太陽や月、火、水といった自然、あるいは動植物すべてを神と見ていたことは、「神々とひとびと」の章をお読みいただいておわかりのことと思いますが、本書はそれらの

神々の由来、そして神々にまつわるユカぅ、儀礼のときのうた、遊びうた等を北海道各地で採集して、ほかの文献をも引用しながら紹介しています。いまではほとんど聞くことのできないうたもあります。

■『アイヌの童戯』 更科源蔵アイヌ関係著作集Ⅷ みやま書房 1983年

アイヌの子供たちの遊びをイラストとともに紹介しています。「子供の遊び」で見たように、アイヌの子供たちの遊びは狩猟や裁縫といった将来の生活に必要な訓練の場であり、さらに自然との接し方を学ぶ場でもあるのです。自然とかけ離れ、野外で遊ぶことの少なくなった現代の子供たちにぜひ紹介したい遊びでいっぱいの本です。

■『アイヌ伝統音楽』 日本放送協会編 日本放送出版協会 1965年

日本放送協会（NHK）が、北海道内においてアイヌの音楽を約2,000曲収録したもののうち、440曲余りに解説を加え、楽譜で表して掲載しています。坐り歌（upopo）にはじまり、子守歌（ihunke）、杵つき歌（iyuta upopo）、言葉遊び歌、叙情歌、呪文などなど広範囲にわたっています。特に重要な曲や楽器の演奏などは、付属のソノシートに収録されています。

■『樺太アイヌの住居と民具』 山本祐弘 相模書房 1970年

著者の山本祐弘は元樺太庁博物館館長で、樺太時代には知里真志保（当時樺太庁博物館技術員）と親交がありました。

本書では、太鼓（kaco）、撥（reh-ni）、五弦琴（tonkori）、口琵琶（muhkuna）について解説しています。樺太アイヌの住居と民具を学ぶには欠くことのできない一冊です。

■『樺太アイヌのトンコリ』　金谷栄二郎・宇田川洋　ところ文庫2 常呂町郷土研究同好会　　1986年

トンコリの定義にはじまり、その歴史や現存するトンコリについてのまとめ、そして製作方法を写真で手順をおって解説しています。また、演奏法に加え、楽譜も掲載されています。新書サイズで、コンパクトにまとめられています。

WEB サイト

アイヌ民族博物館　http://www.ainu-museum.or.jp/

　白老ポロトコタンにある博物館。長年にわたってアイヌ文化の維持発展と研究の進展に寄与してきた博物館であり、この『アイヌ文化の基礎知識』もそこで生まれたものです。2020年には、日本で5番目の国立博物館である国立アイヌ民族博物館として生まれ変わることになっています。ホームページからは、「アイヌ語アーカイブス」で、同館で所蔵している大量のアイヌの口承文芸資料について、音声を聞くことができます。現在はそのごく一部のみしか聞くことができませんが、近い将来全部の資料をウェブ上で聞けるように整備中だそうです。また「アイヌと自然デジタル図鑑」では、動植物のアイヌ語名や日本語名から写真や伝承まで検索することができ、とても便利です。

二風谷アイヌ文化博物館
　　　　　　　　http://www.town.biratori.hokkaido.jp/biratori/nibutani/
　沙流郡平取町にある博物館で、萱野茂の収集した資料を中心に、アイヌ関係の貴重な資料を多数所蔵している博物館です。ホームページ中に

は「アイヌ語・アイヌ口承文芸」というコーナーがあり、萱野が収録した沙流地方の口承文芸が、テキスト・音声ともに自由にダウンロードできます。ここも今後どんどん資料が追加されていく予定であり、期待が持たれるところです。

アイヌ文化振興・研究推進機構　http://www.frpac.or.jp/index.html
　1997年のアイヌ文化振興法成立にともなって設立された財団法人（現在は公益財団法人）。アイヌ語の普及に関連する様々な事業を実施していますが、ホームページからは各地の方言ごとに作成された「アイヌ語教材テキスト」や「アイヌ語ラジオ講座」のテキストをダウンロードすることができ、また「オルシペ　スウォプ」というコーナーでは、アイヌに伝承されるさまざまな物語の上質のアニメを、日本語とアイヌ語を切り替えながら視聴することができます。「アイヌ生活文化再現マニュアル」では、さまざまな技術や行事について詳細に知ることができます。

北海道博物館 HP　アイヌ文化紹介小冊子『ポン　カンピソシ』
　　　　　　　http://www.hm.pref.hokkaido.lg.jp/study/ainu-culture/

早稲田大学 HP　会津八一記念博物館　データベース　アイヌ民族資料
http://archive.waseda.jp/archive/subDB-top.html?arg={"item_per_page":20,"sortby":["282a","ASC"],"view":"display-simple","subDB_id":"21"}&lang=jp

アイヌ民族博物館 HP『アイヌと自然デジタル図鑑』
　「物語と歌」　　http://www.ainu-museum.or.jp/siror/story/
　「絵本と朗読」　http://www.ainu-museum.or.jp/siror/pictbook/

●より深く学びたい人へ●

参考文献補遺

民族誌

アイヌ民族博物館編『アイヌの歴史と文化』アイヌ民族博物館　1994年

小川正人『近代アイヌ教育制度史研究』北海道大学図書刊行会　1997年

荻原眞子『北方諸民族の世界観―アイヌとアムール・サハリン地域の神話・伝承』草風館　1996年

計良智子『アイヌの四季―フチの伝えるこころ』明石書店　1995年

計良光範『アイヌの世界―ヤイユーカラの森から』明石書店　1995年

札幌学院大学人文学部編『アイヌ文化の現在　[公開講座] 北海道文化論』札幌学院大学生活協同組合　1997年

野村義一『アイヌ民族を生きる』草風館　1996年

鳩沢佐美夫『沙流川―鳩沢佐美夫遺稿』草風館　1995年

福岡イト子『アイヌ植物誌』草風館　1995年

別冊宝島EX『アイヌの本』宝島社　1993年

結城庄司『チャランケ―結城庄司遺稿』草風館　1977年

アイヌ語

中川　裕『アイヌ語をフィールドワークする』大修館書店　1995年

山田秀三『アイヌ語地名の輪郭』草風館　1995年

歴　　史

菊池勇夫『アイヌ民族と日本人―東アジアのなかの蝦夷地』朝日選書　朝日新聞社　1994年

宮島利光『アイヌ民族と日本の歴史―先住民族の苦難・抵抗・復権』三一新書　三一書房　1996年

榎森進『アイヌ民族の歴史』草風館　2007年

小川正人・山田伸一編『アイヌ民族近代の記録』草風館　1998年

関口明、田端宏、桑原真人、瀧澤正『アイヌ民族の歴史』山川出版社　2015年

よそおう

津田命子著『伝統のアイヌ文様構成法による　アイヌ刺しゅう入門（チヂリ編）』クルーズ　2008年

津田命子著『伝統のアイヌ文様構成法による　アイヌ刺しゅう入門（カパラミプ編）』クルーズ　2010年

津田命子著『伝統のアイヌ文様構成法による　アイヌ刺しゅう入門（ルウンペ編）』クルーズ　2011年

住

財団法人アイヌ民族博物館編『アイヌのすまい　チセを考える』財団法人アイヌ民族博物館　1998年

財団法人アイヌ民族博物館編『ポロチセの建築儀礼』財団法人アイヌ民族博物館　1998年

うたとおどりと遊び

アイヌ民族博物館編『上田トシのウエペケㇾ』アイヌ民族博物館

1997年　CD付

片山言語文化研究所編『カムイユカㇻ』片山言語文化研究所
　1995年　CD付

萱野　茂『アイヌの昔話』平凡社ライブラリー　平凡社　1993年

中川　裕『アイヌの物語世界』平凡社ライブラリー　平凡社
　1997年

山本多助『カムイ・ユーカラ―アイヌ・ラッ・クル伝』平凡社ライブラリー　平凡社　1993年

アイヌ民族博物館編『西平ウメとトンコリ』アイヌ民族博物館
　2008年

●より深く学びたい人へ●

```
アイヌ民具を
収蔵・展示している
博物館・資料館
```

〈北海道内〉

■函館市北方民族資料館
　〒040-0053　函館市末広町21-7
　TEL 0138-22-4128

■苫小牧市美術博物館
　〒053-0011　苫小牧市末広町3-9-7
　TEL 0144-35-2550

■平取町立二風谷アイヌ文化博物館
　〒055-0101　沙流郡平取町二風谷61
　TEL 01457-2-2892

■新ひだか町アイヌ民俗資料館
　〒056-0011　日高郡新ひだか町静内真歌7-1
　TEL 0146-43-3094

■北海道博物館
　〒004-0006　札幌市厚別区厚別町小野幌53-2
　TEL 011-898-0456〜9

■北海道立アイヌ総合センター
　〒060-0002　札幌市中央区北２条西７丁目　かでる２・７ビル
　TEL 011-221-0462

■北海道大学植物園・博物館

〒060-0003　札幌市中央区北3条西8丁目
TEL 011-221-0066
■旭川市博物館
〒070-8003　旭川市神楽3条7丁目1
TEL 0166-69-2004
■帯広百年記念館
〒080-0846　帯広市緑ヶ丘2
TEL 0155-24-5352
■釧路市立博物館
〒085-0822　釧路市春湖台1-7
TEL 0154-41-5809
■川村カ子トアイヌ記念館
〒070-0825　旭川市北門町11丁目
TEL 0166-51-2461
■北海道立北方民族博物館
〒093-0042　網走市字潮見309-1
TEL 0152-45-3888

〈北海道外〉
■東京国立博物館
〒110-8712　東京都台東区上野公園13-9
TEL 03-3822-1111
■（財）日本民芸館
〒153-0041　東京都目黒区駒場4-3-33
TEL 03-3467-4527
■国立民族学博物館

〒565-8511　大阪府吹田市千里万博公園10-1
TEL 06-6876-2151

■天理大学附属天理参考館
〒632-8540　奈良県天理市守目堂町250
TEL 0743-63-8414

●より深く学びたい人へ●

> アイヌ民族博物館
> の
> 紹介

　アイヌ民族博物館は、アイヌ文化の伝承・保存、並びに調査・研究、教育普及事業を総合的に行う社会教育施設として、1976年、財団法人白老民族文化伝承保存財団として設立され、1984年には、アイヌの有形・無形文化を展示し、さらに学術的に調査・研究を行う施設としてアイヌ民族博物館を並置・開館させ、1990年に現「財団法人アイヌ民族博物館」に改称しています。

　野外博物館の性格をもつ園内は、近代ゾーンとコタンゾーンに分かれ、コタンゾーンにはかつてのアイヌの住家であったチセや、プ（食料庫）、ヘペㇾセッ（子グマの飼養檻）、チㇷ゚（丸木舟）などを復元・展示して、アイヌのコタン（集落）を再現し、チセにおいては、アイヌの歴史と文化についての解説、並びにアイヌ古式舞踊の公開を常時行っています。

　博物館では、アイヌ民族資料5,000点、ニヴフ、ウイルタ、サミ、イヌイトといった北方少数民族資料約250点を収蔵し、そのうち800点を常設展示しています。また、関連資料として、アイヌ絵・文書約150点、図書約7,500冊を所蔵しています。

　文化伝承・保存事業としてイオマンテ（クマの霊送り）、イワッテ（ものの霊送り）、チㇷ゚サンケ（舟降ろしの儀式）、シヌラッパ（先祖供養）といったアイヌ伝統儀礼を実施しています。

　また、伝統工芸の機織りやキナ（ゴザ）編み、民族衣服の製作、

●より深く学びたい人へ●

アイヌ文様の刺繡なども常時実施・公開していますが、さらに、アイヌ文化を単に見るだけでなく、実際に触れていただくために、ムックリ制作、演奏、アイヌ文様刺繡・彫刻、伝統料理などの体験学習を行っています。

　なお、現在、アイヌ民族博物館が活動しているポロト湖周辺には2020年、国のアイヌ政策事業として「国立アイヌ民族博物館」及び「国立民族共生公園」を含む民族共生象徴空間が整備されることとなっています。本書の監修者でもある当館は、民族共生象徴空間開設準備のため、2018年3月31日をもって閉館となりますが、今後もアイヌ文化の理解を広め、知識を深めるための活動は継続して実施してまいります。当館のウェブサイト（ホームページ）は4月以降も引き続き稼働しておりますので、ご利用ください。

＊

交通機関　　　JR（室蘭本線）白老駅下車、徒歩10分
　　　　　　　道央自動車道・白老インターより車で5分
開館時間　　　8：45～17：00
休 館 日　　　年末年始（12月29日～1月5日）
住　　所　　　北海道白老郡白老町若草町2-3-4
電　　話　　　0144-82-3914　　FAX 0144-82-3685
インターネットアドレス
　　ホームページURL：http://www.ainu-museum.or.jp/
　　Eメール：museum@ainu-museum.or.jp

改訂にあたって

　本書の初版が発行されたのは1993年でした。アイヌ文化振興法ができる前です。アイヌ民族博物館は、「紹介」のところにありますように唯一の専門機関として、アイヌ文化を実践し、研究し、広める活動を行っており、本書を監修しました。多くの読者を得て、増刷を繰り返してきましたが、発行元の事情や執筆者の身辺の変化により、長いあいだ改訂がなされないままでした。それでも本書によってアイヌ文化を知りたいという読者は途切れることなく、これからもその役目が続いていくようです。そこで、このたびの増刷にさいしては、増補・改訂に踏み切ることにし、執筆者の方々にお願いして、おもに、情報として古くなってしまった部分を改めましたが、新たな文章が追加されているところもあります。まちがった理解ではなくきちんとアイヌ文化を知ってもらうために、わかりやすく語りかけるというスタイルはそのままです。本書を座右に置いて、アイヌ文化の理解に役立てていただけることを願っています。

　2018年1月

児島恭子

■執筆者および執筆担当（五十音順）
秋野茂樹（元財団法人アイヌ文化振興・研究推進機構：2012年6月物故）
「参考文献」「施設紹介」
伊藤裕満（元アイヌ民族博物館）「たべる」一部「神々とひとびと」「むらのしくみ」
内田祐一（文化庁）「たべる」一部「すまう」「参考文献」（住）
岡田路明（苫小牧駒澤大学）「ひとの一生」
児玉マリ（元アイヌ民族博物館：2017年11月物故）「よそおう」「参考文献」（衣）
佐々木利和（北海道大学アイヌ・先住民研究センター）「ひとびとのあゆみ」
出利葉浩司（元北海道博物館）「えものをとる」「ひとびとのあゆみ」一部
中川　裕（千葉大学）「ことば」「参考文献」（アイヌ語）
野本正博（アイヌ民族博物館）「うたとおどりと遊び」（神へのおどり）
村木美幸（アイヌ民族博物館）「よそおう」「うたとおどりと遊び」（子供の遊び・口承文芸）「参考文献」
藪中剛司（新ひだか町教育委員会）「うたとおどりと遊び」（楽器）「施設紹介」
児島恭子（札幌学院大学）監修・編集

増補・改訂 アイヌ文化の基礎知識

1993年10月1日　初版発行
2018年1月30日　増補・改訂版初版
2023年11月30日　増補・改訂版再版

監修　財団法人アイヌ民族博物館
増補・改訂版監修　児島恭子
発行　株式会社草風館
千葉県浦安市入船3-8-101
TEL.047-723-1688　FAX.047-723-1688
http://www.sofukan.co.jp　info@sofukan.co.jp
振替00100-9-657735　〒279-0012

装幀　菊地信義
印刷　創栄図書印刷
ISBN978-4-88323-201-7